Copyright © Media Partisans 2020

Media Partisans GmbH
Berliner Str. 89
14467 Potsdam Germany

ISBN: 978-3-9821688-0-7

Ci trovi su:

www.degustibus.co

Ogni ricetta è abbinata a un codice QR
con un link diretto al video della ricetta.

Pronti per il grande evento? Che si alzi il sipario sul debutto dei nostri più grandi successi per buongustai e amanti della cucina creativa! Tante ricette originali e gustose: spuntini alternativi, portate principali succulente e sostanziose, come anche dessert sfiziosi. E non ci sono scuse – sulle pagine di questo ricettario c'è spazio solo per il meglio. Chi lo ha deciso? Ovviamente la giuria più esigente, affidabile e grandiosa al mondo: i nostri affezionati fan, che non si stancano mai di guardare i nostri video su Internet milioni di volte. Buon appetito!

Piatti unici

- Sformato di cavolfiore con polpette e salsiccia 8
- Bollito di manzo ripieno 10
- Varianti creative per le melanzane ripiene 12
- Polpettone di melanzane ripiene 14
- Arrosto alla Wellington in crosta 16
- Panino con il Kebab fatto in casa 18
- Timballo di pasta con polpette 20
- Tortino di pizza 22
- Pollo fritto marinato 24
- Filoncino di lasagna 26
- Timballo di pasta e melanzane 28
- Fantasie di spaghetti 30
- Sformato di cavolfiore a strati 32
- Cavolfiore filante con sorpresa 34
- Melanzane al forno con mozzarella di bufala 36
- Ciambellone di cheeseburger 38
- Pizza gourmet con la burrata fatta in casa 40
- Cordon Bleu di pollo alla besciamella . 42
- La bistecca alla griglia perfetta 44
- Pizza di purè di patate 46
- Moussaka al gratin 48
- Involtini di pollo 50
- Cordon bleu allo spiedo in salsa d'arancia 52
- Sformato di melanzane su letto di purè 54
- Crêpes di pollo al forno 56
- Pollo "ubriaco" 58
- Polpettone esplosivo 60
- Tortino di verza 62
- Polpettone primavera 64
- Cavolo ripieno in salsa di verdure 66
- Frittata di cavolo cinese 68
- Bocconcini di vitello con spaghetti di zucchine 70
- Tortino filante di patate e carne 72
- Fajitas di pollo al forno 74
- Ravioli formato XXL 76
- Pollo all'hawaiiana 78
- Sandwich Beirut 80
- Rotolo di patate a strati 82
- Polpette di cavolfiore 84
- Quiche Lorraine "alla tedesca" 86
- Polpettone domenicale 88
- Pollo in salsa di aceto balsamico e miele 90

Stuzzichini & snack

- 2 trucchi per uova sorprendenti 94
- Antipasti sfiziosi a base di uova 96
- Uova a colazione in tre varianti 98
- Patate divertenti 100
- Pane in cassetta farcito 102
- Soffice pan di zucca 104
- Cestino di popcorn al cioccolato 106

Pan brioche maculato	108
Snacks con la pasta per la pizza	110
Uova in camicia di spinaci e prosciutto	112
3 sfiziose ricette con le patate	114
Patate fiorite con ripieno di pollo	116
Snack di focaccia al cavolfiore	118
Crocchette di riso dal cuore filante	120
Patate duchessa con ripieno	122
Polpette di peperoni ripieni	124
Cosce di pollo con ripieno	126
Sformato di zucchine ripiene	128
Peperoni in "camicia" di pasta sfoglia	130
3 simpatiche ricette con le uova a colazione	132

Dolci & golosità

Torta-budino alla vaniglia con frutta	136
Dolce-uovo di Pasqua con crema chantilly	138
Dolci ricette con la pasta sfoglia	140
Torta a specchio	142
Bicchierini di cioccolato	144
Barretta Kinder cioccolato gigante	146
Torta effetto galassia	148
Torta con roselline di mela	150
Zuccotto alle fragole	152
Frittelle al limone e mirtilli	154
Espressino estivo con nutella	156
Twix gigante	158
Torta morbida cioccolato e stracciatella	160
Cheesecake-alveare	162
Cannoli alla fragola	164
Creme caramel alle noci	166
Torta Raffaello	168
Bomba di gelato	170
Torta fredda all'anguria	172
Torta mimosa fragole e cioccolato	174
Ferrero Rocher al cucchiaio	176
Torta Kinder Maxi King	178
Cheesecake al Rocher	180
Kinder soufflé	182
Torta forata alle fragole	184
Budino al cioccolato con ciliegie	186
Rotolo alla cannella con mousse al caffè	188
Torta Pavlova al limone	190
Meringhe di limone e lamponi	192
Torta reale al tiramisù	194
Cubo di cioccolato con sorpresa	196
Rotolo al mandarino	198
Torta M&M's	200
Lasagne dolci panna e cioccolato	202
Torta morbida alle ciliegie	204
Semifreddo alle fragole	206
Stollen, un dolce di Natale dalla Germania	208
Torta con alberi di Natale	210

Cordon Bleu di pollo alla besciamella

Polpettone primavera

Piatti unici

Polpettone domenicale

Frittata di cavolo cinese

Sformato di cavolfiore con polpette e salsiccia

Cosa vi serve

8 salsicce
400 g di patate
1 cavolfiore
30 g di burro
2 Cc di farina
200 ml di latte
Sale e pepe
Noce moscata
150 g di formaggio grattugiato
Teglia 30 cm x 25 cm

Preparazione: ca. 30 min   8-10 porzioni
In padella: ca. 10 min   Al forno: 200 °C - 20 min

Come procedere

1. Togliete la pelle da ogni salsiccia, formate delle piccole polpette di carne e saltatele in padella (cottura media), dopodiché distribuitele sul fondo di una teglia (di circa 30 cm x 25 cm).

2. Pelate le patate, tagliatele a dadini e lessatele in acqua salata per circa cinque minuti. Distribuitele poi in modo uniforme nella teglia in modo da avere uno strato misto di salsiccia e patate.

3. Ora tagliate il cavolfiore a roselline e fatelo bollire in acqua salata per circa cinque minuti. Poi scolatelo e distribuite le roselline in modo uniforme insieme a salsiccia e patate.

4. A questo punto preparate la salsa besciamella scaldando anzitutto il burro in una pentola e aggiungendoci la farina senza smettere di mescolare. Aggiungete quindi due mestoli dell'acqua di cottura del cavolfiore e portate ad ebollizione la salsa besciamella. Aggiungete il latte, condite con sale, pepe e noce moscata e fate ritirare.

5. Versate uniformemente la besciamella sullo sformato di cavolfiore con salsiccia e patate, cospargete di formaggio grattugiato e fate cuocere in forno ventilato per 20 minuti a 200 °C.

https://www.degustibus.co/sformato-cavolfiore-salsiccia/

Bollito di manzo ripieno

Cosa vi serve

1 pezzo di manzo (ca. 1,5 kg)
Sale grosso
Pepe in grani
1 cc di paprika in polvere
100 ml di olio di oliva

Per il ripieno:
350 g di mozzarella a dadini
120 g di pancetta
1 peperone rosso a dadini
2 cipolle a dadini
1 Cc di origano

Per la salsa:
300 ml di vino rosso
2 Cc di conserva di prugne
1 Pz di sale
1 Pz di peperoncino

Preparazione: ca. 50 min   Al forno: 200 °C – 35 min   6 porzioni

Come procedere

1. Pulite il manzo da grasso e tendini e scottatelo in una padella con olio vegetale, su entrambi i lati, a fiamma piuttosto alta. Quindi toglietelo dalla padella e fatelo raffreddare brevemente.

2. Incidete la carne con un coltello affilato effettuando un taglio per ricavare una tasca in profondità.

3. Ora rovesciate delicatamente la carne in modo da portare l'interno all'esterno, facendo attenzione che il manzo non si rompa.

4. Affettate le cipolle, i peperoni e la pancetta e soffriggeteli in padella. Mettete poi il tutto in una ciotola con la mozzarella tagliata a dadini e conditela con l'origano.
   Utilizzate questo composto per il ripieno della carne. Sigillate ora la "tasca" con uno stuzzicadenti e spennellate entrambi i lati della carne con olio d'oliva, paprika in polvere, sale grosso e pepe.

5. Fate cuocere in forno a 200 °C (con calore sia sopra che sotto) per 35 minuti. Quindi lasciate riposare per 10 minuti.
   Per la salsa, riducete un po' il vino rosso e aggiungete la conserva di prugne e un pizzico di sale e peperoncino. Lasciate sobbollire la salsa per altri 5 minuti.

https://www.degustibus.co/tascacarne/

Varianti creative per le melanzane ripiene

Cosa vi serve

Parmigiana di melanzane scomposta
- 1 melanzana
- Sale e pepe
- 1 mozzarella
- 1 pomodoro
- 1/2 mazzetto di prezzemolo tritato
- 1 spicchio d'aglio tritato
- Olio d'oliva

Melanzane ripiene di prosciutto e formaggio
- 1 melanzana
- 2 fette di prosciutto cotto
- 200 g di formaggio Comté
- 1/2 mazzetto di basilico
- 2 spicchi d'aglio tritati
- 80 g di pangrattato
- 100 ml di olio d'oliva
- Sale e pepe
- 50 g di Parmigiano Reggiano

Parmigiana di melanzane scomposta 2 porzioni
Preparazione: ca. 40 min   Al forno: 180 °C – 50 min
Melanzane ripiene di prosciutto e formaggio 2 porzioni
Preparazione: ca. 20 min   Al forno: 180 °C – 30 min

Come procedere

Parmigiana di melanzane scomposta
1. Lavate le melanzane e tagliatele a fette nel senso della lunghezza, ma lasciandole unite ad un'estremità.
2. Cospargete ora le superfici tagliate con il sale e attendete almeno 30 minuti in modo che possano eliminare l'acqua in eccesso.
3. Tagliate a fette pomodoro e mozzarella e disponetele in modo alternato nei tagli che avete apportato per ottenere le melanzane ripiene.
4. A questo punto mescolate il prezzemolo tritato con l'aglio e distribuite il composto sulle melanzane ripiene. Quindi condite con olio d'oliva, un pizzico di sale e pepe prima di cuocere le melanzane al forno per 50 minuti a 180 °C in modalità ricircolo d'aria.

Melanzane ripiene di prosciutto e formaggio
1. Tagliate la melanzana prima a metà e poi più volte nel senso della lunghezza.
2. Affettate sia il prosciutto cotto che il formaggio e inseriteli nelle incisioni per ottenere delle melanzane ripiene.
3. Tritate il basilico e l'aglio e mescolateli con il pangrattato. Poi condite con metà dell'olio d'oliva, sale e pepe.
4. Distribuite il composto sulle melanzane ripiene di prosciutto cotto e formaggio. Condite poi il tutto con il resto dell'olio d'oliva e il Parmigiano Reggiano e fate cuocere le melanzane al forno per 30 minuti a 180 °C.

https://www.degustibus.co/melanzane-ripiene/

Polpettone di melanzane ripiene

Cosa vi serve

3 melanzane
550 g di carne macinata
2 uova
Prezzemolo
100 g di pangrattato
1 panino raffermo
80 g di Parmigiano Reggiano
1 Cc di sale
1 Cc di pepe
5 fette di prosciutto cotto
4 fette di formaggio

Preparazione: ca. 30 min   Al forno: 180 °C - 15 min   6 porzioni

Come procedere

1. Tagliate le melanzane a fette spesse circa 1 centimetro e grigliatele in padella su entrambi i lati. Poi disponete le fette di melanzane grigliate sulla carta da forno una accanto all'altra leggermente sovrapposte. Quindi lasciatele raffreddare.

2. Mescolate la carne macinata con le uova, il prezzemolo e il pangrattato. Se avete un panino raffermo tagliatelo a dadini e aggiungetelo agli altri ingredienti. Grattugiate un po' di Parmigiano Reggiano e condite il composto con sale e pepe. A questo punto mescolate tutto a mano in un impasto omogeneo.

3. Stendete l'impasto di carne macinata sulle melanzane grigliate, lasciando vuoto un bordo di circa 8 centimetri su un lato corto. Infine coprite la carne macinata con uno strato di prosciutto cotto e uno strato di formaggio.

4. Arrotolate su sé stesse le melanzane ripiene aiutandovi con la carta da forno su cui sono disposti gli ingredienti. Esercitate una leggera pressione sul rotolo salato in modo che nessun ingrediente fuoriesca. Quindi cuocete il polpettone al forno a 180 °C per 15 minuti in modalità forno ventilato.

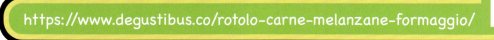

https://www.degustibus.co/rotolo-carne-melanzane-formaggio/

Arrosto alla Wellington in crosta

Cosa vi serve

Olio
1 pezzo da 1 kg di filetto di manzo
Sale, pepe, rosmarino
1 rotolo di pasta sfoglia
10 fette di pancetta
500 g di spinaci lessati
1 uovo sbattuto

Preparazione: ca. 20 min   Al forno: 180 °C - 30 min   6-8 porzioni

Come procedere

1. Cospargete il piano da lavoro con grani di sale, pepe e del rosmarino. Passate dunque il filetto sul piano in modo che si insaporisca uniformemente.

2. Rosolate la carne in padella con olio ben caldo fino a portarla a una cottura al sangue.

3. Srotolate la pasta sfoglia e disponetevi sopra - circa a metà - le fette di pancetta, una adiacente all'altra. Distribuite quindi gli spinaci sopra la pancetta.

4. Spennellate con il tuorlo di un uovo i bordi della pasta sfoglia rimasti liberi.

5. Adesso adagiate il filetto sugli spinaci e arrotolatelo nella pasta sfoglia, chiudete le estremità creando un panetto che aderisca bene al pezzo di carne e renda la struttura omogenea. Spennellate nuovamente la superficie con l'uovo sbattuto.

6. Con un coltello affilato, incidete delicatamente la pasta esterna creando una sorta di griglia costituita da piccoli rombi.

7. Infine, infornate per 30 minuti a 180 °C.

https://www.degustibus.co/wellington/

Panino con il Kebab fatto in casa

Preparazione ca. 40 min   4 porzioni
Al forno: Carne 175 °C - 35 minuti
Pane 190 °C - 25 minuti

Cosa vi serve

Per la carne:
1 Cc di cumino
1 Cc di sale
1 Cc di timo
1 Cc di paprika piccante
1 Cc di rosmarino
1 Cc di pepe
1 Cc di paprika dolce
300 g di filetto di vitello
200 g di carne macinata di vitello

Per il panino:
700 g di farina
350 ml di acqua calda
10 g di zucchero
1 pacchetto e mezzo di lievito in polvere
1 uovo
50 g di burro
25 ml di olio
15 g di sale
1 tuorlo
1 Cc di latte
Un poco di sesamo bianco e nero

Per il ripieno:
Salsa allo yogurt
Anelli di cipolla
Insalata
Cavolo rosso
Pomodori
Cetrioli

Come procedere

1. Mescolate tutte le spezie per la carne in una ciotola. Stendete su un piano di lavoro la pellicola trasparente e adagiatevi sopra le fette di filetto di vitello, facendo attenzione che aderiscano una all'altra e creando una forma approssimativamente rettangolare. Spolverate la carne con metà delle spezie. Quindi stendeteci sopra la carne macinata e cospargete di nuovo con le spezie rimanenti. Usando la pellicola trasparente, arrotolate la carne e chiudete le estremità. A questo punto, la carne dovrà essere messa in congelatore per un'ora. Poi togliete la pellicola e cuocete tutto in forno, a 175 °C per 35 minuti.

2. Tagliate a metà il rotolo di carne dopo la cottura e riducete la carne in strisce sottili servendovi di un coltello affilato.

3. Ora passiamo alla preparazione del pane. Mettete la farina in una ciotola capiente e premete un poco al centro per creare una cavità. Mescolate l'acqua con lo zucchero e il lievito e versate infine questo composto nella farina. Senza amalgamarli, lasciate che gli ingredienti lievitino per 10 minuti. A questo punto aggiungete l'uovo, il burro, l'olio e il sale. Mescolate con una frusta elettrica con gancio per impastare, fino ad ottenere un composto morbido. Copritelo e lasciatelo riposare per un'ora. Quindi, stendete l'impasto su una superficie di lavoro infarinata. Spennellate con la miscela di tuorlo e latte. Premete la superficie in modo uniforme, con la punta delle dita, e poi cospargete con il sesamo la parte superiore. Cuocete in forno a 190 °C per 25 minuti.

4. Come ultimo passaggio, andremo a riempire il nostro panino. Tagliate il pane e farcite, stendendo dapprima la salsa allo yogurt, poi la carne e infine le verdure.

https://www.degustibus.co/donerkebab/

Timballo di pasta con polpette

Cosa vi serve

500 g di carne macinata
1 cc di timo
1 cc di rosmarino
1 cc di peperoncino in polvere
2 cc di origano
2 cc di paprika in polvere
Sale
Pepe
300 g di spaghetti
2 spicchi d'aglio
1 cipolla a dadini
1 peperone verde
1 peperone giallo
300 ml di vino rosso
600 ml di passata di pomodoro
2 cc di olio d'oliva
250 g di mozzarella per pizza

Preparazione: ca. 20 min   Al forno: 180 °C - 30 min   4-6 porzioni

Come procedere

1. Insaporite la carne macinata con timo, rosmarino, peperoncino in polvere, origano, paprika in polvere, sale, pepe e impastate il tutto.

2. Dividete la carne macinata e gli spaghetti in 4 porzioni. Avvolgete le polpette di carne macinata intorno agli spaghetti crudi, in modo che sia davanti che dietro sporgano dall'impasto di carne macinata.

3. Tagliate le cipolle, l'aglio e i peperoncini. Mettete l'olio d'oliva in una teglia grande e fate cuocere gli spaghetti con le polpette di carne macinata. Aggiungete le verdure e l'aglio, sfumate con il vino rosso e versate la passata di pomodoro. Aggiungete la mozzarella per pizza e fate cuocere per 30 minuti a 180 °C in forno ventilato.

https://www.degustibus.co/timballo-di-pasta-e-polpette/

Tortino di pizza

Cosa vi serve

Per l'impasto:
- 600 g di farina
- 4 g di lievito
- 2 Cc di zucchero
- 270 ml di acqua tiepida
- 2 cc di olio vegetale
- 1 Cc di sale

Per il condimento:
- 120 g di salame a fette
- 300 ml di polpa di pomodoro
- 1 Cc di origano
- 1 manciata di basilico
- Sale e pepe
- 80 ml di olio d'oliva
- ca. 450 g di formaggi misti grattugiati

Preparazione: ca. 1 ora e 15 minuti   8 porzioni
In forno: 180 °C - 15 min + 160 °C - 60 min

Come procedere

1. Preparate l'impasto per pizza, preferibilmente il giorno prima. Distribuite la farina sul piano di lavoro creando una cavità al centro. Mescolate lo zucchero, il lievito e l'acqua, e versate la miscela nella cavità, quindi ricoprite tutto con la farina. Lasciate riposare l'impasto per 10 minuti, poi aggiungete l'olio vegetale e il sale e impastate. Date all'impasto per pizza una forma sferica, copritelo con un panno e fatelo lievitare per un'ora al caldo.

2. Dividete la pasta in 3 cerchi dal diametro pari a quello della pentola. Sistemate i cerchi di pasta su una teglia rivestita con carta da forno e fateli cuocere in forno ventilato a 180 °C per 15 minuti - idealmente coperti da un'altra teglia. Mettete da parte la pasta avanzata.

3. Tagliate il salame a fette. Dopodiché mettete la polpa di pomodoro, il basilico, l'origano, l'olio d'oliva, il sale e il pepe in un recipiente e frullate il tutto con un mixer.

4. Rivestite la pentola o la teglia (ø 16 cm) precedentemente imburrata con la pasta per pizza che è avanzata e stendete un cerchio di pasta sul fondo.

5. Iniziate a realizzare i diversi strati: prima la salsa di pomodoro, poi il cheddar grattugiato e infine il salame. Sul salame appoggiate la seconda sfera di impasto e continuate con gli strati di salsa al pomodoro, emmental grattugiato e salame.

6. Quindi stendete l'ultimo cerchio di pasta e gli strati di pomodoro, mozzarella per pizza e salame. Ripiegate i bordi dell'impasto e fate cuocere il tortino in forno ventilato a 160 °C per 60 minuti.

https://www.degustibus.co/torta-salata-pizza/

Pollo fritto marinato

Cosa vi serve

1 pollo (di ca. 1,3 – 1,5 kg)
700 g di yogurt
ca. 50 stuzzicadenti
10 l di olio vegetale per friggere

Per il brodo vegetale del pollo marinato:
 5 l di acqua
 1 testa d'aglio
 100 g di zenzero
 2 peperoncini
 1 bastoncino di cannella
 1 Cc di pepe in grani
 2 pezzi di anice stellato
 5 chiodi di garofano
 1 mazzetto di coriandolo
 5 Cc di sale

Per l'impanatura del pollo fritto:
 10 uova
 300 g di pangrattato
 100 g di polenta
 5 Cc di paprika in polvere
 3 Cc di coriandolo in polvere
 5 Cc di semi di sesamo
 4 Cc di sale

Preparazione: ca. 50 min   4-6 porzioni
In pentola: ca. 15 min Frittura: 180 °C - 10 min

Come procedere

1. Infilzate tutta la pelle del pollo con gli stuzzicadenti.

2. Immergete il pollo con gli stuzzicadenti in una scodella con lo yogurt in modo che ne sia ricoperto e mettetelo in frigorifero durante la notte.

3. Il giorno successivo preparate il brodo vegetale portando tutti gli ingredienti sopraindicati ad ebollizione in una grande casseruola. Poi lasciate raffreddare il brodo vegetale fino a circa 65 °C, immergeteci il pollo e lasciatelo marinare durante la notte.

4. Il giorno seguente rimuovete gli stuzzicadenti dal pollo marinato.

5. Poi sbattete le uova e versatele in una casseruola. Mentre in un'altra mescolate pangrattato, farina di mais della polenta, paprika in polvere, coriandolo, sesamo e sale. Quindi impanate il pollo marinato prima intingendolo nell'uovo sbattuto e poi passandolo nella panatura.

6. Fate scaldare l'olio in una casseruola fino a 180 °C e friggete il pollo marinato e impanato per circa 10 minuti.

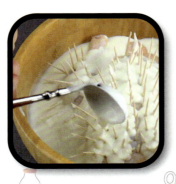

https://www.degustibus.co/pollo-marinato-fritto/

Filoncino di lasagna

Cosa vi serve

1 filoncino di pane abbastanza lungo e dritto
4 Cc di olio d'oliva
1 spicchio d'aglio tritato finemente
1 Cc di basilico ben tritato
6 fogli per lasagna sbollentati
150 ml di salsa besciamella
150 g di mozzarella per pizza

Per il ragù:
 Olio d'oliva per soffriggere
 1 cipolla tritata finemente
 350 g di carne macinata
 1 Cc di paprika
 1 Cc di origano
 Sale e pepe
 200 ml di salsa di pomodoro

Preparazione: ca. 20 min   4 porzioni
In padella: ca. 15 min   Al forno: 190 °C – 25 minuti

Come procedere

1. Per prima cosa, servendovi di un coltello ben affilato, tagliate la parte superiore del filoncino di pane, in modo che nella base rimanga abbastanza spazio per andare a rimuovere la mollica. L'incisione deve essere fatta come se voleste trasformare il pane in una scatola, quindi mantenete la forma rettangolare. A questo punto dovreste avere sufficiente spazio per la lasagna.

2. Mescolate bene olio, aglio e prezzemolo, poi con un pennello inumiditeci l'interno del filoncino, dal quale avete tolto la mollica in precedenza. Adagiate un primo strato di fogli di lasagna sbollentati.

3. Adesso preparate il ragù: in una pentola, fate soffriggere la cipolla, incorporate la carne, e, poco a poco, tutti gli altri ingredienti. Una volta aggiunta la salsa di pomodoro, portate ad ebollizione e fate cuocere fino a che il sugo non si sarà ristretto.

4. A questo punto, potrete distribuire il ragù sulla lasagna nel filoncino. Segue la besciamella, uno strato di mozzarella, poi nuovamente una serie di fogli di lasagna, ragù, besciamella e abbondante mozzarella.

5. Avvolgete il filoncino al gusto di lasagna nella carta stagnola. Così è pronto per essere cotto in forno a 190 °C per circa 25 minuti.

https://www.degustibus.co/filoncinodilasagna/

Timballo di pasta e melanzane

Cosa vi serve

3 melanzane
550 g di carne macinata
2 uova
Prezzemolo
100 g di pangrattato
1 panino rafferma
80 g di Parmigiano
 Reggiano
1 Cc di sale
1 Cc di pepe
5 fette di prosciutto cotto
4 fette di formaggio

Preparazione: ca. 30 min   Al forno: 180 °C - 15 min   6 porzioni

Come procedere

1. Tagliate le melanzane a fette spesse circa 1 centimetro e grigliatele in padella su entrambi i lati. Poi disponete le fette di melanzane grigliate sulla carta da forno una accanto all'altra leggermente sovrapposte. Quindi lasciatele raffreddare.

2. Mescolate la carne macinata con le uova, il prezzemolo e il pangrattato. Se avete un panino raffermo tagliatelo a dadini e aggiungetelo agli altri ingredienti. Grattugiate un po' di Parmigiano Reggiano e condite il composto con sale e pepe. A questo punto mescolate tutto a mano in un impasto omogeneo.

3. Stendete l'impasto di carne macinata sulle melanzane grigliate, lasciando vuoto un bordo di circa 8 centimetri su un lato corto. Infine coprite la carne macinata con uno strato di prosciutto cotto e uno strato di formaggio.

4. Arrotolate su sé stesse le melanzane ripiene aiutandovi con la carta da forno su cui sono disposti gli ingredienti. Esercitate una leggera pressione sul rotolo salato in modo che nessun ingrediente fuoriesca. Quindi cuocete il polpettone al forno a 180 °C per 15 minuti in modalità forno ventilato.

https://www.degustibus.co/timballopasta/

Fantasie di spaghetti

Cosa vi serve

Sushi di spaghetti
200 g di spaghetti
125 g di ricotta
100 ml di conserva di pomodoro in pezzi
15 g di Parmigiano Reggiano grattugiato
5 polpette di carne (da 20 g ciascuna)
200 ml di passata di pomodoro
Parmigiano Reggiano
Basilico
Tappetino per il sushi
Pellicola trasparente

Polpette fritte di spaghetti
450 g di spaghettini
200 g di passata di pomodoro
500 g di ricotta
100 g di pangrattato
2 uova
2 Cc di prezzemolo tritato
100 g di Parmigiano Reggiano
1 Pz di sale
Per il condimento:
Parmigiano Reggiano grattugiato
Ragù di carne
Prezzemolo

Sushi di spaghetti   5 porzioni
Preparazione: ca. 30 min
Polpette fritte di spaghetti   4-6 porzioni
Preparazione: ca. 20 min   Frittura: ca. 160 °C - 3 min

Come procedere

Sushi di spaghetti
1. Fate cuocere gli spaghetti, scolateli e lasciateli raffreddare un po'. Posizionate la pellicola trasparente in modo che sia aderente al piano di lavoro e stendeteci i singoli spaghetti uno accanto all'altro.
2. Tagliate gli spaghetti verticalmente ad entrambe le estremità in modo da ottenere un "tappetino di pasta" rettangolare.
3. Mescolate la ricotta con la passata di pomodoro e il Parmigiano Reggiano grattugiato.
4. Stendete la pasta che è sulla pellicola trasparente sopra un tappetino da sushi. Spalmate all'incirca 3 cucchiai del composto a base di ricotta sulla parte sinistra della pasta (mantenendo un po' di distanza dal bordo) e metteteci sopra 5 polpette di carne.
5. Avvolgete il tutto con l'aiuto del tappetino da sushi. Sfilate la pellicola trasparente, lasciate riposare il rotolo e poi tagliatelo in 5 pezzi uguali.
6. Guarnite il sushi di spaghetti con la passata di pomodoro, il Parmigiano Reggiano grattugiato e il basilico fresco.

Polpette fritte di spaghetti
1. Cuocete gli spaghettini e scolateli, versandoli in una scodella.
2. Aggiungete tutti gli altri ingredienti e mescolate.
3. Aiutandovi preferibilmente con un porzionatore da gelato e le mani, formate delle palline di pasta e friggetele per circa 3 minuti in olio caldo a circa 160 °C.
4. Scolate le polpette fritte e servitele con il sugo di pomodoro o con il ragù di carne, una spolverata di Parmigiano Reggiano grattugiato e prezzemolo fresco.

https://www.degustibus.co/polpette-fritte-spaghetti-sushi/

Sformato di cavolfiore a strati

Cosa vi serve

Per lo sformato di cavolfiore:
- 1 cavolfiore
- 70 g di farina
- 1 uovo
- 1 Pz di sale
- 1 Pz di pepe
- 1 Pz di noce moscata
- 200 g di formaggio

Per lo strato di carne macinata:
- Olio d'oliva
- 1 kg di carne macinata (bovina)
- 1 cipolla
- 1 spicchio d'aglio
- 1 cc di peperoncino
- 1 cc di sale
- 1/2 cc di pepe
- 8 fette di prosciutto crudo

Per la salsa besciamella:
- 1 Cc di burro (100 g)
- 1 Cc di farina (100 g)
- 1 Pz di sale
- Noce moscata
- Latte intero
- Pirofila 18 x 30 cm

Preparazione: ca. 25 min 8-10 porzioni
In padella: ca. 10 min Al forno: 160 °C - 25 min

Come procedere

1. Anzitutto togliete al cavolfiore le foglie esterne. Tagliate il gambo e fatelo bollire in acqua salata fino a cottura completa.

2. Poi mettete il cavolfiore in una scodella e schiacciatelo con lo schiacciapatate, lasciando però qualche rosellina intera.

3. Aggiungete l'uovo e la farina al cavolfiore. Condite con sale, pepe e noce moscata. Mescolate il tutto e poi stendetelo in una pirofila. Premete con un cucchiaio grande e grattugiateci sopra circa 1/3 del formaggio.

4. Fate rosolare la carne macinata nel soffritto di cipolla, poi aggiungete aglio e spezie.

5. Ora preparate la besciamella. Scaldate in un pentolino il latte e fate sciogliere il burro a parte. Spegnete il fuoco e aggiungete la farina tutta in una volta, senza smettere di mescolare con la frusta. Poi rimettete sul fuoco basso e mescolate fino a doratura. Ora aromatizzate il latte con la noce moscata e il sale, versatene un po' nell'altro pentolino e stemperate il fondo, poi unite anche il resto, mescolando energicamente il tutto. Continuate a cuocere a fuoco basso finché la salsa besciamella si sarà addensata e inizierà a bollire.

6. Fate arrostire le fette di prosciutto crudo in una goccia d'olio in padella, poi toglietele e fatele raffreddare brevemente.

7. Ora potete disporre gli ingredienti dello sformato di cavolfiore a strati nella pirofila. Mettete sullo strato di cavolfiore e formaggio prima la carne macinata, poi di nuovo una spolverata di formaggio grattugiato e poi versate la salsa besciamella, distribuendola in modo uniforme con un cucchiaio.

8. Sminuzzate grossolanamente il prosciutto crudo abbrustolito e distribuitelo sull'ultimo strato dello sformato di cavolfiore. Grattugiate il formaggio rimanente sulla superficie. Mettete quindi la pirofila in forno ventilato a 160 °C per 25 minuti.

https://www.degustibus.co/sformato-di-cavolfiore/

Cavolfiore filante con sorpresa

Cosa vi serve

1 cavolfiore
1 cipolla rossa
1 peperone verde
3 fette di formaggio
3 fette di prosciutto cotto
2 CC di burro
2 CC di farina
250 ml di latte
Sale e pepe
Noce moscata
100 g di mozzarella per pizza

Preparazione: ca. 20 minuti   Al forno 170 °C - 20 min   4 porzioni

Come procedere

1. Lessate il cavolfiore intero in abbondante acqua.

2. Tagliate cipolla e peperone a listarelle. Posizionate una fetta di formaggio su quella di prosciutto cotto e arrotolate. Ripetete l'operazione anche per le altre 2 fette. Tagliate quindi i 3 rotoli ottenuti a metà.

3. È arrivato il momento di guarnire il cavolfiore partendo dai peperoni e dalla cipolla, passando poi ai rotoli di prosciutto e formaggio.

4. In un pentolino fate sciogliere il burro, aggiungete la farina e il latte, regolate quindi di sale e pepe. Condite con una spolverata di noce moscata e continuate a mescolare fino a quando la besciamella non si sarà rappresa.

5. Versate la besciamella sul cavolfiore guarnito in precedenza, aggiungete la mozzarella e infornate a 170 °C per circa 20 minuti.

https://www.degustibus.co/cavolfiore-filante/

Melanzane al forno con mozzarella di bufala

Cosa vi serve

2 melanzane
100 ml di olio d'oliva
1 Cc di sale
1 Cc di pepe
Rosmarino
Per il ripieno:
 Polpa delle melanzane
 2 Cc di olio d'oliva
 1 cipolla
 200 g pomodorini
 1/2 cc di origano
 400 g di conserva di
  pomodoro in pezzi
 6 spicchi d'aglio
 Sale e pepe
Per il condimento:
 4 mozzarelle di bufala
 100 g di pangrattato
 2 Cc di olio d'oliva
 60 g di Parmigiano
  Reggiano grattugiato
Inoltre: Basilico

Preparazione: ca. 20 min   4 porzioni
Al forno: 200 °C - 15 min + 180 °C - 20-25 min

Come procedere

1. Tagliate a metà due melanzane nel senso della lunghezza. Con l'aiuto di un coltello e di un cucchiaio togliete la polpa delle melanzane e mettetela da parte.

2. Mettete le quattro metà di melanzana in una pirofila e versateci sopra l'olio d'oliva. Condite le melanzane con sei rametti di rosmarino, sale e pepe. Cuocete in forno ventilato a 200 °C per 15 minuti.

3. Tagliate a pezzettini la polpa della melanzana e saltatela in padella con l'olio d'oliva nel soffritto di cipolla tritata e aglio. Aggiungete sale e pepe e, infine, i pomodorini, la conserva di pomodoro in pezzi e l'origano. Lasciate cuocere per circa 10 minuti.

4. Dopo aver sfornato le melanzane al forno, lasciatele raffreddare brevemente. Togliete i rametti di rosmarino e riempite le barchette di melanzane con il composto di pomodoro e melanzana. Tagliate la mozzarella di bufala a tocchetti e distribuitela sulle melanzane.

5. Mescolate il pangrattato con l'olio d'oliva e cospargeteci le melanzane. Infine aggiungete del Parmigiano Reggiano. Ora cuocete per altri 20-25 minuti in forno ventilato a 180 °C e guarnite con qualche fogliolina di basilico prima di servire.

https://www.degustibus.co/melanzane-al-forno-mozzarella-di-bufala/

Ciambellone di cheeseburger

Cosa vi serve

Per il ripieno:
 Olio d'oliva
 500 g di carne macinata
 1 cipolla a pezzetti
 Sale e pepe
 1 Cc di senape
 1 Cc di ketchup
Per la pasta:
 1 rotolo di pasta sfoglia grande (o 2 piccoli)
Per la copertura:
 12 fette di formaggio, tagliate a metà
 12 fette di cetriolini
Per la guarnizione:
 1 uovo sbattuto
 Sesamo

Preparazione: ca. 15 min   6 porzioni
In padella: ca 10 min   Al forno: 180 °C - 15 min

Come procedere

1. In una padella, fate rosolare la carne macinata nell'olio. Aggiungete poi la cipolla e mescolate bene. Regolate di sale e pepe, poi aggiungete la senape e il ketchup, continuando a mescolare. Una volta che il composto sarà pronto, mettetelo da parte.

2. Adagiate il rotolo di pasta sfoglia su un tagliere, poi, servendovi di un coltello ben affilato, o di una rotella per pizza, tagliate tre parti, in verticale, di egual misura. Procedete tagliando in diagonale, e ricavando così 6 triangoli di pasta.

3. In una teglia precedentemente foderata con della carta da forno, disponete i triangoli di pasta sfoglia in modo circolare, per andare a formare un "sole". Fate attenzione affinché tutti i triangoli di pasta aderiscano bene gli uni agli altri. Procedete riempendo la base circolare del "sole" con un po' di ripieno di carne, facendo attenzione a non disporre il ripieno sulle punte dei triangoli. Disponete poi le fette di formaggio e sopra di esse le fette di cetriolini. A questo punto, richiudete le estremità dei triangoli verso l'interno, assicurandovi che la pasta dell'anello sia ben salda.

4. Ora spennellate l'anello gigante con l'uovo sbattuto e spolverate con il sesamo.

5. Cuocete quindi in forno preriscaldato a 180 °C per 15 minuti.

https://www.degustibus.co/anello-cheeseburger/

Pizza gourmet con la burrata fatta in casa

Cosa vi serve

1,9 l di latte fresco intero
4 Cc di succo di limone
 (va bene anche l'acido citrico, per un risultato ancora migliore)
35 ml di acqua fredda
 (per l'acido citrico)
16 gocce di caglio vegetale
50 ml di acqua
 (per il caglio)
2-3 cc di stracciatella

Per la pizza gourmet:
 Impasto per pizza, circa 150-200 g
 3 cc di passata di pomodoro
 Mozzarella per pizza
 Basilico tritato

Per la burrata
Preparazione: ca. 60 min
In pentola: ca. 30 min

Per la pizza
Preparazione: ca. 10 min
Al forno: 200 °C - 10 min

2 porzioni

Come procedere

1. Versate il latte intero in una pentola, unite 35 ml di acqua fredda al succo di limone e versate la miscela nel latte intero. Riscaldate il latte a 36 °C, mescolando.

2. Versate le gocce di caglio vegetale in una piccola ciotola con 50 ml di acqua e mescolate per bene. Aggiungete questa miscela al latte intero riscaldato e aspettate circa 10 minuti.

3. Tagliate il latte intero che si è addensato in pezzi grandi e aspettate che il siero si separi.

4. Raccogliete la cagliata con un mestolo forato. Posate su una ciotola un colabrodo con sopra un panno e poggiateci dentro la cagliata. Con l'aiuto del panno, spremete e fate uscire il liquido in eccesso dalla cagliata.

5. Riscaldate dell'acqua in una pentola a 85 °C e aggiungeteci la cagliata spremuta. Impastatela con un cucchiaio, poi tiratela fuori dall'acqua con un mestolo forato.

6. Con le vostre mani date una forma rotonda alla mozzarella e aggiungeteci la stracciatella al centro, ricoprendola con la mozzarella. Lasciate poi raffreddare il tutto in una ciotola con dell'acqua fredda.

7. Stendete l'impasto per la pizza, conditelo con passata di pomodoro e mozzarella per pizza e infornatelo per 10 minuti. Togliete la pizza dal forno, posizionateci al centro la burrata fatta in casa, poi fatela cuocere per altri 10 minuti a forno ventilato. Una volta pronta, cospargete la pizza di basilico.

https://www.degustibus.co/pizza-gourmet-burrata/

Cordon Bleu di pollo alla besciamella

Cosa vi serve

Per il cordon bleu:
- 1 fetta di petto di pollo (da circa 140 g)
- Sale e pepe
- 8 fette di Emmental
- 3 fette di prosciutto cotto

Per la panatura:
- Farina
- Uovo sbattuto
- Pangrattato
- Olio per friggere

Per la besciamella:
- 25 g di burro
- 2 spicchi d'aglio tritati
- 25 g di farina
- 400 ml di latte
- Sale e pepe
- 1 Cc di senape
- 30 g di Parmigiano grattugiato

Per decorare:
- Prezzemolo fresco

Preparazione: ca. 20 min   1-2 porzioni
Frittura: ca. 10 min   In frigo: ca. 30 min

Come procedere

1. Per prima cosa stendete della pellicola trasparente su un tagliere, adagiateci sopra il petto di pollo. Avvolgetelo e quindi battete la carne servendovi, per esempio, di un matterello. Condite con sale e pepe.

2. Per il ripieno, aggiungete 4 fette di formaggio, 3 fette di prosciutto cotto, e infine il formaggio rimasto.

3. A questo punto, formate l'involtino, aiutandovi anche con la pellicola. Una volta terminata l'operazione, avvolgete la pellicola alle due estremità, in modo che sembri una caramella. Riponete la carne in frigo per 30 minuti.

4. Rimuovete quindi la pellicola e passate l'involtino prima nella farina, poi nell'uovo e, infine, nel pangrattato. Friggete in una padella con olio bollente.

5. Passiamo ora alla besciamella: in un pentolino versate il burro e non appena inizierà a sciogliersi aggiungete l'aglio tritato. Mescolate con una frusta anche la farina e il latte. Aggiustate di sale e pepe. Lasciate sobbollire, quindi aggiungete un po' di senape e parmigiano e mescolate vigorosamente.

6. Prima di servire, tagliate l'involtino in fette, guarnite con la salsa e decorate con qualche foglia di prezzemolo fresco.

https://www.degustibus.co/cordon-bleu/

La bistecca alla griglia perfetta

Cosa vi serve

Per il mix di spezie:
40 g di sale
1 cc di paprika in polvere
1 cc di aglio liofilizzato
1 cc di chicchi di caffè
1/2 cc di timo essiccato

Inoltre:
Bistecca di manzo
 (ca. 250-350 g)
2 cipolle grandi
Tagliere in legno
 (di faggio, idealmente)

Attenzione:

Per questa ricetta utilizzate solo appositi "taglieri per griglia" realizzati in legno non trattato.

Preparazione: ca. 10 min   Alla griglia: ca. 6 min   1 porzione

Come procedere

1. Anzitutto, è necessario saper scegliere la bistecca di manzo migliore per una grigliata di carne. Per preparare una succulenta carne alla griglia è necessario che la bistecca di manzo sia spessa e presenti venature di grasso.

2. Prima di iniziare a preparare la bistecca di manzo, immergete il tagliere di legno in acqua per almeno 2 ore. Poi preparate il mix di spezie. Mescolate il sale, il timo, i chicchi di caffè, la paprika e l'aglio liofilizzato quindi tritate tutto con il mortaio. Ora condite la bistecca di manzo ancora cruda con il mix di spezie.

3. Iniziate scottando velocemente la carne alla griglia su ogni lato per 3 minuti.

4. Posizionate il tagliere di legno sulla griglia del barbecue e scaldatene bene un lato.

5. Rigirate il tagliere di legno e metteteci sopra prima gli anelli di cipolla e poi la bistecca di manzo. Lasciate cuocere indirettamente la carne alla brace. Se volete, potete cospargere la bistecca di manzo con un po' di pepe macinato. Infine, prima di servire la carne alla griglia, lasciatela riposare per qualche minuto.

https://www.degustibus.co/carne-alla-brace-tagliere-legno/

Pizza di purè di patate

Cosa vi serve

1,5 kg di patate lesse
35 fette di salame piccante
200 g di farina
200 g di mozzarella
2 uova
1 cc di basilico essiccato
1 cc di origano
2 cc di sale
1 cc di pepe

Preparazione: ca. 20 min   Al forno: 180 °C – 20 min   6–8 porzioni

Come procedere

1. Disponete sulla carta da forno le fette di salame, andando a formare 5 file orizzontali da 7 fette ciascuna.

2. In una scodella capiente mettete le patate lesse con la farina, le uova e le spezie e mescolate. Aiutatevi con una forchetta o uno schiacciapatate per ottenere un impasto morbido.

3. Stendete con cura il purè così ottenuto sulle fette di salame. Applicatelo uniformemente, aiutandovi con una spatola. Quindi cospargete di mozzarella.

4. Adesso formate il rollo, aiutandovi con la carta da forno - facendo però attenzione che non diventi parte del piatto. Una volta arrotolati patate e salame, disponete lo sformato su una teglia da forno (a sua volta rivestita con carta da forno) e cuocete per 20 minuti a 180 °C.

https://www.degustibus.co/rollo-di-patate/

Moussaka al gratin

Cosa vi serve

750 g di carne macinata (bovina)
2 uova
2 Cc di prezzemolo
1 cc di sale
1/2 cc di pepe
12 fette di mozzarella
150 g di mozzarella grattugiata
3 melanzane
500 ml di passata di pomodoro
Teglia ca. 23 x 34 cm

Preparazione: ca. 30 min   Al forno: 180 °C – 15 min   6–8 porzioni

Come procedere

1. Infilzate entrambe le estremità di ogni melanzana con una forchetta e fatele rosolare sulla fiamma libera dei fornelli in modo che si arrostiscano tutt'intorno. Mettete poi le tre melanzane in una teglia da forno e copritele con la pellicola trasparente in modo che possano sudare per 10 minuti, facilitando la successiva rimozione della buccia.

2. Una volta sbucciate le melanzane, con una forchetta potete fare tre incisioni al centro di ogni melanzana e riempirle con le fette di mozzarella.

3. Mescolate in una ciotola la carne macinata con le uova, il prezzemolo, il sale e il pepe. A questo punto stendete un pezzo di pellicola trasparente su un tagliere e stendeteci la carne macinata in un impasto di circa 1 cm di spessore. Disponete ogni melanzana sulla base di carne macinata e datele la forma di un rotolo, aiutandovi con la pellicola trasparente.

4. Versate la passata di pomodoro in una teglia e metteci ogni melanzana condita. Infine, cospargete di mozzarella e cuocete lo sformato di melanzane al forno a 170 °C per circa 20 minuti.

https://www.degustibus.co/moussaka-melanzane/

Involtini di pollo

Cosa vi serve

4 cosce o petti di pollo
40 ml di olio di oliva
2 spicchi d'aglio tritati
1 cc e 1/2 di origano essiccato
Scorza di limone
30 ml di succo di limone
Sale e pepe
4 zucchine tagliate a rondelle sottili
1 cipolla tritata finemente
8 olive nere snocciolate
8 pomodorini
Carta da forno
Prezzemolo

Preparazione: ca. 15 min   Al forno: 230 °C – 15 min   4 porzioni

Come procedere

1. In primo luogo marinate la carne di pollo. Mettete la carne cruda in una scodella con olio d'oliva, succo di limone e un po' di scorza di limone. Condite con aglio, sale e pepe. Mescolate bene e lasciate la carne di pollo nella marinata per un'ora o due.

2. Prendete quattro fogli di carta da forno e piegateli al centro. Disegnate con una matita un mezzo cuore fino al bordo e ritagliatelo. Così otterrete quattro cuori simmetrici.

3. Aprite la carta a forma di cuore e distribuite 1/4 delle zucchine a rondelle su uno dei due lati del cuore. Condite le verdure con sale e pepe. Aggiungete qualche altro anello di cipolla sulle zucchine. Poi mettete il pollo marinato sulle zucchine e le cipolle e versate sulla carne circa due cucchiai di marinata.

4. Mettete quattro mezze olive e quattro pomodorini sulla carne marinata.

5. Ripiegate la carta su se stessa, piegando i bordi in modo che le porzioni siano ben sigillate. Ripetete gli ultimi due passaggi con altre tre porzioni.

6. Mettete le quattro tasche di pollo ripieno su una teglia e infilatela in forno ventilato a 230 °C per 15 minuti. Una volta sfornato il pollo, aprite la carta da forno e guarnitelo con prezzemolo fresco.

https://www.degustibus.co/3-ricette-pollo/

Cordon bleu allo spiedo in salsa d'arancia

Cosa vi serve

4-5 pezzi di petto di pollo
1 arancia
2 Cc di miele
1 cc di paprika in polvere
1 Pz di sale e pepe
4 fette di prosciutto cotto
3 fette di formaggio
16 fette di pancetta

Preparazione: ca. 40 min   Alla griglia: 45 min   4 porzioni

Come procedere

1. Tagliate i pezzi di petto di pollo nel senso della lunghezza al centro e apriteli. Metteteci sopra la pellicola trasparente e appiattiteli con un batticarne.

2. Ora mettete ogni petto di pollo appiattito sulla pellicola trasparente in modo da avere un grande rettangolo di carne davanti a voi.

3. Tagliate un'arancia a metà, togliete la polpa con un cucchiaio e spremete il succo attraverso un setaccio sopra una pentola. Aggiungete miele, sale, pepe e paprika. Portate ad ebollizione la marinata.

4. Spennellate il petto di pollo con la marinata e metteci sopra quattro fette di prosciutto cotto e tre fette di formaggio.

5. Mettete un cucchiaio di legno all'estremità dei petti di pollo e usatelo per arrotolare tutto insieme, compresa la pellicola trasparente.

6. Avvolgete l'involtino di petto di pollo, prosciutto cotto e formaggio con 16 fette di pancetta e posizionate le due bucce d'arancia rimaste dal punto 3 rispettivamente all'estremità sinistra e destra del cucchiaio di legno che sporge dallo spiedo di carne.

7. Fissate quattro forchette sulla griglia dove preparate il resto della grigliata di carne e posizionateci sopra lo spiedino di carne. Grigliate il cordon bleu sullo spiedo per circa 45 minuti, ricordando di girarlo regolarmente.

https://www.degustibus.co/cordon-bleu-arancia/

Sformato di melanzane su letto di purè

Cosa vi serve

Per il purè di patate:
- 1 kg di patate
- 40 g di burro
- Noce moscata
- 250 ml di latte

Per la carne macinata:
- 250 g di carne macinata
- 1 cipolla a dadini
- 2 cc di pangrattato
- 1 cc di prezzemolo tritato
- Sale e pepe

Infine:
- 1 melanzana
- 2 grandi spiedini
- 300 ml di passata di pomodoro
- 100 g di mozzarella per pizza

Preparazione: ca. 45 min   Al forno: 160 °C – 30 min   6 porzioni

Come procedere

1. Pelate, tagliate e poi lessate le patate. Scolate l'acqua e schiacciate le patate, mescolandole con il burro e il latte. Insaporite il tutto con la noce moscata. Mettete il purè di patate in una tortiera.

2. Unite alla carne macinata la cipolla, il pangrattato e il prezzemolo, poi insaporite con sale e pepe.

3. Eliminate il torsolo della melanzana e tagliatela a metà.

4. Posizionate una metà della melanzana tra due spiedini. Quindi tagliatela a fette, ma solo fino a toccare gli spiedini.

5. Ogni 6 tagli, tagliate la melanzana fino in fondo.

6. Riempite ogni fessura con la carne macinata e posizionate i pezzi di melanzane ripiene sul purè di patate.

7. Versate la passata di pomodoro sulle melanzane ripiene e ricoprite con la mozzarella per pizza, poi fate cuocere per 30 minuti a 160 °C a forno ventilato.

https://www.degustibus.co/sformato-di-melanzane-ripiene/

Crêpes di pollo al forno

Cosa vi serve

Per l'impasto delle crêpes:
- 3 uova
- 200 g di farina
- 350 ml di latte tiepido
- 50 g di burro fuso
- 1/4 cc di sale

Per il ripieno:
- 3 petti di pollo
- Sale e pepe
- 150 g di formaggio fresco
- 150 g di mais
- 10 pomodorini
- 20 g di prezzemolo tritato

Inoltre:
- 100 g di formaggio fresco
- 9 fette di formaggio

Preparazione: ca. 30 min   9 porzioni
In padella: ca. 10 min   Al forno: 180 °C – 20 min

Come procedere

1. Per prima cosa, in una ciotola mescolate tutti gli ingredienti per l'impasto delle crêpes.

2. Distribuite un po' di impasto in una padella antiaderente. Fate attenzione a cuocere les crêpes per bene, da entrambi i lati, fino a doratura.

3. Quindi preparate il ripieno: rosolate il petto di pollo fino a doratura. Dopo averlo cotto, fatelo raffreddare e poi tagliatelo in piccole strisce insaporendolo con sale e pepe.

4. Aggiungete il formaggio cremoso, il mais, i pomodorini, il prezzemolo e mescolate il tutto fino ad ottenere un composto omogeneo.

5. Disponete un paio di cucchiai di composto su ogni crêpe, esercitando un po' di pressione al centro. Ripiegate la crêpe, come se fosse un "pacchetto", dandogli una forma rettangolare. Collocate le crêpes ripiene su una teglia da forno, disponendole su tre file. Spalmate un cucchiaio di formaggio fresco su ciascuna, poi coprite con una fetta di formaggio. Cuocete in forno a 180 °C per 20 minuti.

https://www.degustibus.co/crepesalforno/

Pollo "ubriaco"

Cosa vi serve

1 pollo intero
100 ml di birra
Per marinare:
  1 Cc di aceto balsamico
  3 cc di olio d'oliva
  3 cc di miele
  1 Cc di senape
  1 Cc di concentrato di pomodoro
  1 cc di aglio in polvere
  1 cc di rosmarino
  1 cc di paprika in polvere
  Sale e pepe
  4 Cc di birra
Per il contorno:
  200 g di patate
  Olio d'oliva
  Sale e pepe

Preparazione: ca. 15 min   Al forno: 160 °C - 60 min   4 porzioni

Come procedere

1. Per prima cosa, versate 100 ml di birra in un bicchiere e sistemate il pollo "seduto" sul bicchiere.

2. Incorporate tutti gli ingredienti per la marinatura in una scodella, ricavando così una crema morbida e spennellateci il polletto.

3. Mettete il bicchiere col pollo sopra su una teglia e disponete tutt'intorno le patate, che potrete condire con l'olio d'oliva e un pizzico di sale e pepe.

4. Cuocete il pollo e le patate in forno per 60 minuti a 160 °C. Assicuratevi che le dimensioni del forno siano adatte al piatto. Suggerimento: non preriscaldate il forno per evitare che il vetro del bicchiere si surriscaldi e possa rompersi per il troppo calore.

https://www.degustibus.co/polloseduto/

Polpettone esplosivo

Cosa vi serve

- 3 fette di pancarré
- 100 ml di latte
- 1 kg di carne macinata di manzo
- 5 g di prezzemolo tritato
- 20 g di erba cipollina tritata
- 1 cipolla rossa
- 2 uova
- 100 g di pangrattato
- Sale e pepe
- 500 g di patate lesse
- 200 g di formaggio grattugiato
- 1 impasto lievitato di panino
- 400 ml di passata di pomodoro

Preparazione: ca. 40 min 4 porzioni
Al forno: 160 °C - 90 min + 190 °C - 15 min

Come procedere

1. Mettete tre fette di pancarré a bagno nel latte in una scodella. Nel frattempo mettete a bollire una pentola d'acqua e preparate le patate lesse.

2. Mettete in una scodella la carne macinata, il prezzemolo e l'erba cipollina tritati, la cipolla rossa e le due uova. Aggiungete il pangrattato e condite con sale e pepe. Aggiungete quindi anche le fette di pancarrè scolate dal latte. Mescolate il tutto a mano in un impasto omogeneo.

3. Mettete un bicchierino all'ingiù al centro di una grande scodella a prova di forno. Distribuite l'impasto di carne macinata tutt'intorno al bicchiere in modo da ricoprilo completamente.

4. Tagliate a pezzi le patate lesse e grattugiateci sopra il formaggio. Ora mettete il composto di patate lesse e formaggio sopra la carne macinata. Premete il tutto con un cucchiaio in modo da ottenere una superficie uniforme. Mettete quindi la scodella in forno ventilato a 160 °C per 90 minuti.

5. Togliete la scodella dal forno e rigiratela su un vassoio. Estraete il bicchierino dal centro del polpettone e metteteci l'impasto lievitato di un panino. Versate la passata di pomodoro sul panino in modo che riempia quasi tutto il buco. Cuocete nuovamente il polpettone al forno a 190 °C per 15 minuti. La passata di pomodoro fuoriuscirà come lava dal cratere del vulcano.

https://www.degustibus.co/vulcano-di-carne/

Tortino di verza

Cosa vi serve

1 cavolo verza
700 g di carne macinata
1 cipolla tagliata a dadini
1 peperone rosso, tagliato a dadini
2 carote, tagliate a dadini
4 spicchi d'aglio
90 g di Parmigiano Reggiano
300 g di passata di pomodoro
350 g di riso bollito
1 uovo
Olio d'oliva
Basilico e prezzemolo tritati
Sale e pepe

Preparazione: ca. 45 min   Al forno: 175 °C – 40 min   6 porzioni

Come procedere

1. Staccate tutte le foglie dal cavolo verza e sbollentatele in pentola. Nel frattempo tagliate tutte le verdure e preparate 350 g di riso bollito.

2. Dopo aver scolato le foglie di cavolo verza, iniziate a soffriggere la cipolla, poi aggiungete 700 g di carne macinata, l'aglio, le carote e i peperoni tritati. Condite poi con un po' di sale e pepe.

3. Dopo aver saltato le verdure in padella, versatele in una ciotola con la carne macinata. Aggiungete il riso bollito e la passata di pomodoro. Di quest'ultima, però, conservate una piccola quantità per la decorazione finale. Quindi aggiungete un po' di erbe tritate con il parmigiano grattugiato. Aggiungete un uovo sbattuto e mescolate tutti gli ingredienti sino ad ottenere un composto denso.

4. Adesso è il momento di creare gli strati. Iniziate con il primo strato di foglie di cavolo verza sul fondo della teglia a cerniera. Poi alternatelo a uno strato, di circa 1 cm, di carne macinata e verdure in padella. L'ultimo strato in alto deve essere una foglia di cavolo verza, da condire con un filo di olio d'oliva, sale, pepe e parmigiano grattugiato. Dopodiché mettete la teglia in forno ventilato a 175 °C per 40 minuti.

5. Quando il tortino è pronto, capovolgetelo su un vassoio e lasciatelo raffreddare. Per la decorazione, utilizzate la passata di pomodoro che vi è avanzata.

https://www.degustibus.co/sformato-cavolo-verza/

Polpettone primavera

Cosa vi serve

Per la carne macinata:
- 2 kg di carne macinata mista
- 250 g di pangrattato
- 3 uova
- 3 Cc di paprika dolce
- 2 Cc di aglio liofilizzato
- 1/2 Cc di peperoncino
- 1 Cc di sale
- 1 Cc di pepe
- 1 Cc di senape
- 3 cc di prezzemolo tritato

Per il ripieno di patate:
- 600 g di patate lesse
- 75 g di pancetta a dadini
- 100 g di gouda grattugiato
- Sale e pepe

Infine:
- 300 g di formaggio fresco
- 500 g di pane integrale
- 3 cc di burro
- Cetrioli, carote, pomodori pachino, peperoni, radicchio e insalata per il prato fiorito

Preparazione: ca. 50 min   Al forno: 180 °C - 80 min   8-10 porzioni

Come procedere

1. Impastate la carne macinata con le uova, il pangrattato, l'aglio liofilizzato, il sale, il pepe, la senape e il prezzemolo.

2. Ricoprite l'interno di una ciotola (dal diametro di circa 25 cm) con la pellicola trasparente. Aggiungete la carne macinata, premendola con forza verso le pareti laterali. È importante che non ci siano crepe nella carne macinata.

3. Fate cuocere le patate e pelatele. Fate rosolare la pancetta per 2-3 minuti senza oliare la padella. Aggiungete i dadini di pancetta e il gouda grattugiato alle patate lesse, insaporite con sale e pepe e mescolate bene il tutto.

4. Mettete 1/3 delle patate lesse sul fondo della ciotola e premete con forza.

5. Aggiungete un altro strato di carne macinata e premetelo con forza.

6. Aggiungete il resto delle patate lesse e chiudete con un ultimo strato di carne macinata

7. Capovolgete il polpettone ripieno su una teglia rivestita con carta da forno, rimuovete la ciotola e la pellicola trasparente.

8. Con un bastoncino fate circa 10 piccoli fori nel polpettone ripieno, in modo che la carne macinata resti compatta durante la cottura. Fate cuocere il polpettone ripieno per 80 minuti a 180 °C in forno ventilato sulla griglia più bassa.

9. Lasciate raffreddare, poi spalmate il formaggio fresco sul polpettone.

10. Ora preparate la "terra": sbriciolate il pane integrale, mettete il burro in una padella e fate rosolare le briciole di pane per 5-6 minuti finché non diventano croccanti.

11. Distribuite le briciole di pane sul formaggio fresco.

12. Infine, decorate il mucchietto di terra con dei fiori composti da peperoni, carote e radicchio e completate il prato con l'insalata.

https://www.degustibus.co/polpettone-ripieno-di-patate/

Cavolo ripieno in salsa di verdure

Cosa vi serve

1 cavolo cappuccio
Per il ripieno di carne macinata:
1 fetta di pancarrè
450 g di carne macinata
50 g di cipolla rossa tritata
Sale, pepe e noce moscata
1 uovo
Per la salsa:
1 carota
1 gambo di porro
1 pastinaca o 1/2 sedano
75 g di cipolle tagliate in pezzi grandi
2 cc di concentrato di pomodoro
80 ml di vino rosso
250 ml d'acqua
Sale e pepe

Preparazione: ca. 45 min   6-8 porzioni
Al forno: 200 °C - 15 min + 185 °C - 45 min

Come procedere

1. Rimuovete le foglie esterne e il torsolo del cavolo cappuccio e svuotatelo.

2. Ammorbidite nell'acqua la fetta di pancarrè e unitela alla cipolla, all'uovo e alla carne macinata, impastando il tutto. Insaporite con sale, pepe e noce moscata. Riempite il cavolo cappuccio svuotato con la carne macinata, posizionatelo con la parte aperta su una teglia e fatelo cuocere per 15 minuti a 200 °C a forno ventilato.

3. Poi tagliate in pezzi grandi le verdure per la salsa di pomodoro e fatele dorare in olio d'oliva.

4. Aggiungete il concentrato di pomodoro, sfumate con il vino rosso e fate ridurre.

5. Aggiungete dell'acqua e insaporite con sale e pepe.

6. Ora versate la salsa di pomodoro e verdure sul cavolo cappuccio.

7. Coprite l'intera teglia con della carta stagnola e fate cuocere nel forno per 45 minuti a 185 °C.

8. Infine, frullate la salsa di pomodoro e verdure, prima di versarla sul cavolo cappuccino ripieno.

https://www.degustibus.co/cavolo-cappuccio-carne-macinata/

Frittata di cavolo cinese

Cosa vi serve

6 foglie di cavolo cinese
1 carota
1 cipolla rossa
3 uova
3 cc di farina
2 cc di pangrattato
Sale e pepe
1 würstel
10 g di semi di sesamo nero

Preparazione: ca. 10 min   In padella: ca. 10 min   4 porzioni

Come procedere

1. Tagliate il cavolo cinese, la carota e la cipolla rossa a strisce. Mettete la verdura in una ciotola e mescolatela con tre uova, farina e pangrattato. Insaporite la miscela con sale e pepe.

2. Riscaldate la padella con dell'olio d'oliva e versateci la miscela.

3. Tagliate i würstel a rondelle e disponeteli sulla frittata di cipolle ancora in padella. Infine, spolverate con semi di sesamo nero. Capovolgete l'omelette per qualche secondo per far dorare anche i würstel, poi toglietela dai fornelli.

https://www.degustibus.co/ricetta-frittata-cavolo-cinese/

Bocconcini di vitello con spaghetti di zucchine

Cosa vi serve

Per lo spezzatino di vitello:
- 450 g di carne di manzo
- 60 ml di salsa di soia
- 1 Cc di olio d'oliva
- 1 Cc di salsa al peperoncino
- Succo di limone
- 2 Cc di burro
- 2 cc di aglio tritato

Per gli spaghetti di zucchine:
- 2-3 zucchine
- 1 Cc di burro
- 60 ml di brodo
- 1/2 cc di peperoncino in fiocchi
- Succo di limone
- 1 Cc di prezzemolo tritato
- 1 cc di di timo

Preparazione: ca. 40 min   In padella: ca. 25 min   4 porzioni

Come procedere

1. Tagliate la carne di manzo a bocconcini. Per la marinata, mescolate la salsa al peperoncino e l'olio d'oliva con il succo di limone in una scodella e lasciateci i bocconcini di vitello a marinare per almeno 15 minuti.

2. Ora saltate i bocconcini di vitello a fuoco vivo, assicurandovi che non ci sia troppa carne in padella allo stesso tempo, altrimenti rischia di perdere troppo succo e indurirsi. Una volta rosolata la carne di manzo, aggiungete il burro e l'aglio.

3. Poi tagliate le zucchine a strisce lunghe e sottili con un'affettatrice a spirale. In alternativa, potete utilizzare un trapano con punta piatta per legno. Infilateci le zucchine, accendete il trapano e tagliate le zucchine a listarelle con il pelapatate.

4. Mettete il burro, il brodo, il peperoncino, il succo di limone e il resto della marinata in una padella abbastanza capiente e fate cuocere a fuoco lento. Aggiungete gli spaghetti di zucchine e attendete che il liquido si sia leggermente ritirato. Mescolate bene e poi condite con timo e prezzemolo.

https://www.degustibus.co/spezzatino-spaghetti-di-zucchine/

Tortino filante di patate e carne

Cosa vi serve

800 g di patate grandi e farinose
3 pomodori
2 Cc d'olio d'oliva
500 g di carne macinata
1 Pz di sale
1 Pz di pepe
250 g di panna acida
1 Cc di origano fresco, tritato
100 g di mozzarella per pizza
Foglie di basilico

Preparazione: ca. 40 min   Al forno: 180 °C - 15 min   4-6 porzioni

Come procedere

1. Come primo passaggio, lessate le patate, ancora con la buccia, in abbondante acqua. Quando si saranno ammorbidite, scolatele e passatele sotto l'acqua corrente fredda. Spelatele e tagliatele a fette non troppo sottili (circa 1 cm). Ora lavate i pomodori, togliete il picciolo e tagliateli a fette, pressappoco della stessa misura delle patate.

2. Fate rosolare la carne macinata nell'olio d'oliva e regolate di sale e pepe. Una volta cotta, potrete toglierla dal fuoco e metterla da parte.

3. Ora procediamo a realizzare i vari strati del nostro tortino iniziando con le patate: si consiglia di adagiare le varie fette sovrapponendole leggermente una all'altra, in modo da creare uno strato compatto. Distribuite poi la carne macinata, la panna acida, l'origano fresco e, infine, le fette di pomodoro in cima. Coprite poi con uno strato di mozzarella.

4. Cuocete il tortino in forno ventilato preriscaldato per 15 minuti a 180 °C. Infine decorate con le foglie di basilico fresco.

https://www.degustibus.co/tortinofilante/

Fajitas di pollo al forno

Preparazione: ca. 25 min   8-10 porzioni
Al forno: 200 °C - 25 min + 180 °C - 30 min

Cosa vi serve

Per il mix di spezie delle fajitas di pollo:
 2 cc di sale
 1 cc di pepe
 2 cc di paprika
 1 cc di peperoncino
 1/2 cc di cannella
 1 cc di cumino
 1 cc di zucchero di canna
 4 petti di pollo
 3 cipolle a fette
 5 peperoni, affettati
  (2 gialli, 2 rossi, 1 verde)
 2 Cc del mix di spezie
  per Fajita
 3 Cc di olio d'oliva
 1 cc di burro fuso
 9 tortillas
 200 g di formaggio
  grattugiato
 100 g di patatine tortilla
  chips
Per la salsa della torta salata:
 200 g di formaggio
  spalmabile
 100 g di maionese
 1 Cc del mix di spezie
  per Fajitas
 40 g di jalapeños
 1 Cc di miele
 Succo di un lime
 1 pizzico di sale

Come procedere

1. Per prima cosa preparate il mix di spezie per le Fajitas di pollo, versandole tutte in una scodella e mescolandole bene. Quindi tagliate i peperoni, le cipolle e il petto di pollo in piccoli pezzi e disponete tutto su una teglia da forno. Condite il pollo con peperoni con 2 cucchiai del mix di spezie. Versate 3 cucchiai di olio d'oliva sulla teglia e mescolate tutti gli ingredienti con cura. Dopo esservi assicurati che gli ingredienti siano distribuiti in modo uniforme sulla teglia, cuocete il pollo in forno a 200 °C per 25 minuti.

2. Ora spalmate del burro fuso su un'altra teglia e ricopritela con 7 tortillas.

3. Cospargete la base di tortillas con metà del formaggio grattugiato. Non appena sfornate il pollo con i peperoni, distribuitene la metà in modo uniforme sulla teglia coperta di tortillas e formaggio grattugiato.

4. Per lo strato successivo, cospargete la teglia di patatine. Dopodiché aggiungete l'altra metà di pollo con i peperoni e formaggio grattugiato.

5. Coprite il tutto con due tortillas e piegate le tortillas che sporgono dai lati verso l'interno della teglia.

6. Mettete un pezzo di carta da forno sulla teglia e pressate il tutto con un'altra teglia da forno. Ora infornate a 180 °C per 30 minuti.

7. Infine è possibile preparare la salsa per la torta salata. Mescolate il formaggio spalmabile con la maionese, il succo di lime, i jalapeños, il miele e la miscela di spezie.

8. Quando la torta salata di fajitas di pollo è pronta, potete tagliarla, immergerla nella salsa e gustarla.

https://www.degustibus.co/sformato-fajitas-di-pollo-con-peperoni/

Ravioli formato XXL

Preparazione: ca. 40 min
In frigo: 60 min
In freezer: ca. 15 min
In padella: ca. 15 min
4 porzioni

Cosa vi serve

Per la pasta all'uovo:
2 x 200 g di farina
2 x 3 uova
2 x 100 g di semola di grano duro
40 g di concentrato di pomodoro
Acqua
Farina

Per il ripieno:
Olio di oliva
250 g di carne macinata
1/4 di peperone rosso tagliato finemente
1/2 cipolla tritata finemente
1 spicchio d'aglio tritato finemente
50 g di spinaci freschi
1/2 cc di sale
1/4 di cc di pepe
20 g di Parmigiano Reggiano grattugiato
2 tuorli
15 g di pangrattato
30 g di mozzarella per pizza
30 g di formaggio fresco

Per la decorazione:
Salsa besciamella
Pancetta affumicata a dadini

Come procedere

1. Tanto per cominciare preparate la pasta all'uovo: una di colore naturale e l'altra rossa. Mescolate una porzione di farina, uova e semola di grano duro in entrambe le ciotole. Aggiungete il concentrato di pomodoro nella ciotola per la pasta rossa. Impastate il contenuto di entrambe le ciotole con le mani per circa 5 minuti fino ad ottenere un impasto omogeneo. Date poi ad entrambe le porzioni di pasta all'uovo la forma di una palla e mettetele in frigorifero per 30 minuti.
2. Ora tagliate entrambe le porzioni in fette spesse circa 1 cm. Poi mettetene una fetta sul piano di lavoro e cospargetela di acqua. Appoggiateci sopra una fetta dell'altra pasta e cospargete anche questa d'acqua. In questo modo, impilate tutte le fette di pasta in modo alternato una sopra l'altra. Esercitate poi una leggera pressione con le mani per rendere compatti gli strati di pasta e mettete in frigorifero per 30 minuti.
3. Per il primo dei ravioli, tagliate 3 fette di circa 1 cm di spessore dalla pasta all'uovo bicolore. Poi infarinate il piano di lavoro e stendete tutti i dischi a forma di ovale, spessi qualche millimetro. Spennellate con l'acqua i bordi dei dischi di pasta e posizionateli uno accanto all'altro in modo che si sovrappongano. Ritagliate quindi un quadrato dalla pasta all'uovo bicolore (circa 20 cm x 20 cm).
4. Per preparare il ripieno, fate prima soffriggere la carne macinata in olio e cipolla. Aggiungete poi anche i peperoni e l'aglio. Dopodiché saltate gli spinaci in padella, aggiustandoli di sale e pepe. Togliete la padella dai fornelli, versatene il contenuto in una ciotola e lasciate raffreddare la miscela a temperatura ambiente. Ora aggiungete il Parmigiano Reggiano, il tuorlo d'uovo e il pangrattato, mescolando il tutto energicamente.
5. Per la seconda parte del ripieno, mescolate il formaggio fresco con la mozzarella per pizza e formate due palline di uguali dimensioni. Mettetele, poi, in congelatore.
6. Mettete due cucchiai di carne macinata al centro del quadrato di pasta. Appoggiateci sopra una delle palline al formaggio ancora congelate e copritela con un cucchiaio di carne macinata. Quindi spennellate con acqua i bordi del quadrato di pasta e richiudetelo in diagonale, premendo bene i bordi per far uscire l'aria e creando così una sorta di anello. Mettete la pasta nel congelatore per altri 15 minuti.
7. Portate l'acqua salata ad ebollizione in una pentola e cuoceteci il raviolo per circa 10 minuti.
8. Ora non resta che condire il capolavoro: versate qualche cucchiaio di salsa besciamella calda e cospargete con un po' di pancetta affumicata il vostro raviolo.

https://www.degustibus.co/tortelloni/

Pollo all'hawaiiana

Cosa vi serve

2 petti di pollo
200 g di farina
2 uova sbattute
200 g di pangrattato

Per il ripieno:
 1 fetta di prosciutto cotto
 2 fette di Emmental
 1 fetta di ananas
 50 ml di salsa besciamella
 80 g di mozzarella per pizza
Inoltre:
 500 g di patate
 Salsa besciamella

Preparazione: ca. 20 min   Al forno: 170 °C – 40 min   2 porzioni

Come procedere

1. Intagliate ogni petto di pollo al centro. Quindi impanateli prima con la farina, poi con l'uovo sbattuto e infine con il pangrattato. Sistemate la carne impanata su una teglia rivestita di carta da forno.

2. Tagliate a metà una fetta di ananas nel senso della lunghezza in modo da formare due fette sottili. Disponete una fetta di ananas al centro di ogni petto di pollo.

3. Arrotolate una fetta di prosciutto cotto con 2 fette di Emmental e tagliate l'involtino al centro.

4. Mettete un pezzo di prosciutto cotto e formaggio su ogni fetta di ananas e versateci sopra la besciamella. Cospargete infine la parte superiore del petto di pollo con mozzarella per pizza.

5. Pelate le patate e tagliatele a dadini. Adagiatele poi accanto ai petti di pollo sulla teglia e condite con olio e sale. Mettete in forno ventilato a 170 °C per 40 minuti. Cospargete il petto di pollo con prezzemolo fresco e servitelo con le patate a dadini.

https://www.degustibus.co/petto-di-pollo-hawaii/

Sandwich Beirut

Cosa vi serve

Per l'impasto:
250 g di farina
140 ml di acqua tiepida
1 cc di sale

Per il condimento:
200 g di formaggio cheddar grattugiato
200 g di cipolle caramellate
450 g di costata di manzo
1 cc di sale
1 cc di zucchero
1/2 cc di pepe
2 pomodori
4 foglie di lattuga

Preparazione: ca. 20 min   In padella: ca. 15 min   2-4 porzioni

Come procedere

1. Prendete gli ingredienti per la piadina e impastate farina, acqua e sale per circa 5 minuti. Tagliate a metà il panetto di pasta e ricavatene 2 palline. Stendetele entrambe con un matterello in due dischi di pasta di circa 2 o 3 millimetri di spessore. Fateli quindi abbrustolire lentamente su entrambi i lati in una padella asciutta.

2. Quando entrambe le piadine sono ben arrostite su entrambi i lati, aggiungete il formaggio cheddar grattugiato nella padella in modo che si sciolga su di esse. Poi togliete la padella dai fornelli.

3. Fate soffriggere le cipolle in olio d'oliva in un'altra padella e conditele con sale e zucchero. Quando le cipolle caramellate avranno raggiunto la doratura desiderata, versatele sul formaggio cheddar.

4. Riscaldate altro olio in padella e lasciate soffriggere gli straccetti di manzo conditi con sale e pepe.

5. Mettete i pezzi di costata di manzo saltati in padella nella piadina con il cheddar e le cipolle caramellate. Aggiungete qualche fetta di pomodoro e 3 o 4 foglie di lattuga.

6. Ora prendete la seconda piadina e mettetela sopra a coprire gli ingredienti del ripieno.

https://www.degustibus.co/sandwich-beirut/

Rotolo di patate a strati

Cosa vi serve

180 g di parmigiano grattugiato
6 patate a fette
Sale e pepe
250 g di ricotta
Olio q.b. per friggere
Foglie di spinaci
2 spicchi d'aglio tritati
1 cipolla tagliata a dadini
450 g di carne macinata
1 lattina di pomodori in pezzi
4 Cc di prezzemolo tritato
1 cc di paprika in polvere
120 g di mozzarella per pizza

Preparazione: ca. 30 min   6-8 porzioni
Al forno 180 °C - 30 + 15 min   In padella: ca. 10 min

Come procedere

1. Spargete metà del parmigiano grattugiato su una teglia foderata con carta da forno. Sistemate le fette di patate sul formaggio in file leggermente sovrapposte. Salate le patate e cospargertele con il parmigiano restante. Infornate a 180 °C (in forno ventilato) per 30 minuti.

2. Saltate gli spinaci in padella con l'olio. Prima che si ammorbidiscano, aggiungete l'aglio. Infine mescolateci insieme la ricotta.

3. Stendete il composto di ricotta e spinaci formando uno strato uniforme sopra le patate cotte al forno.

4. Fate cuocere la carne macinata nel soffritto di cipolla. Aggiungete i pomodori in pezzi e condite con prezzemolo, paprika, sale e pepe.

5. Stendete la carne in modo uniforme sul composto di ricotta e spinaci. Cospargete poi il ripieno con la mozzarella per pizza.

6. Per finire, arrotolate tutto per formare un rollo, aiutandovi con la carta da forno. Cuocete poi a 180 °C (in forno ventilato) per altri 15 minuti.

https://www.degustibus.co/patate-al-forno/

Polpette di cavolfiore

Cosa vi serve

1 cavolo bianco
1 cc di sale
 (per salare l'acqua)
800 g di carne macinata di manzo
300 g di pancetta tesa a fette
2 uova
1 cipolla a dadini
2 spicchi d'aglio
1 Cc di senape medio-piccante
1 cc di paprika in polvere dolce
1 cc di origano
1 Cc e 1/2 di sale
 (per la carne macinata)
1 Cc di pepe macinato
Prezzemolo

Per la crema di formaggio:
 400 ml di latte
 200 g di formaggio Edam
 Sale e pepe
 Noce moscata

Preparazione: ca. 40 min
In padella: ca. 15 min   7 porzioni

Come procedere

1. Fate cuocere il cavolo bianco per circa 5 minuti in acqua salata.

2. Rimuovete il torsolo del cavolfiore e mettetelo da parte, poi tagliate le cime.

3. Mettete la carne macinata in una ciotola e aggiungeteci cipolla a dadini, paprika in polvere, aglio, origano, senape, sale, pepe e uova e mescolate il tutto.

4. Prendete circa 2 cucchiaini di carne macinata, mettete una cima di cavolfiore al centro e richiudete il tutto formando 7 polpette di cavolfiore.

5. Ricoprite ognuna delle 7 polpette di cavolfiore con una fetta di pancetta tesa, quindi fate dorare le polpette in padella.

6. Tagliate il torsolo del cavolo bianco a dadini e unitelo in una ciotola al formaggio Edam grattugiato e al latte. Insaporite con sale, pepe e noce moscata, poi frullate il tutto con un mixer.

7. Versate la crema di formaggio ottenuta sulle polpette in padella e fate cuocere a fuoco basso per circa 5 minuti. Servite con una spolverata di prezzemolo.

https://www.degustibus.co/polpette-di-cavolfiore/

Quiche Lorraine "alla tedesca"

Cosa vi serve

Per l'impasto alle patate:
- 1,5 kg di patate
- 2 uova
- 1 cc di erbe aromatiche
- 1 spicchio d'aglio tritato finemente
- Sale e pepe

Per il ripieno:
- 2 Cc di olio d'oliva
- 80 g di peperone rosso
- 80 g di peperone verde
- 1 cipolla
- 100 g di prosciutto cotto
- 2 spicchi d'aglio
- 100 g di spinaci
- 6 uova
- 120 ml di latte
- 150 g di formaggio gruviera
- Pepe

Preparazione: ca. 45 min   8-10 porzioni
Al forno: 180 °C - 25 min + 160 °C - 45 min

Come procedere

1. Sbucciate le patate e grattuggiatele dentro a una ciotola su cui avrete disposto un canovaccio pulito.

2. Ora chiudete il canovaccio e strizzatelo per far uscire dalle patate il liquido in eccesso.

3. Mettete le patate grattugiate nel canovaccio in una ciotola e mescolatele con le uova e l'aglio e conditele con le erbe aromatiche miste, sale e pepe. Rivestite una teglia a cerniera (di circa 22 cm di diametro) con carta da forno. Versate quindi il composto di patate e premetelo saldamente sul fondo e sui bordi. Ora cuocete il tutto per 25 minuti a 180 °C in forno ventilato.

4. Mescolate il contenuto della padella con le uova, il latte, la gruviera e il pepe. Versate poi il composto per la quiche di verdure nella teglia a cerniera. Cuocete la frittata al forno per 45 minuti a 160 °C.

https://www.degustibus.co/quiche-lorraine-patate/

Polpettone domenicale

Cosa vi serve

Per il composto di carne:
 1 kg di carne macinata
 1 cipolla
 2 uova
 50 g di pangrattato
 Sale e pepe

Per la copertura:
 375 g di pancetta a fette

Per il ripieno:
 3 fette di formaggio
 3 fette di prosciutto cotto
 6 fette di salame
 4 uova sode

Preparazione: 30 min   Al forno: 200 °C - 60 min   6-8 porzioni

Come procedere

1. In una ciotola capiente, mescolate tutti gli ingredienti per il composto di carne e regolate di sale e pepe. Servendovi di una forchetta, ammassate per bene il tutto, e quando sarà abbastanza omogeneo, mettetelo da parte.

2. Stendete ora un foglio di carta stagnola e adagiatevi sopra 8 fette di pancetta, disposte in orizzontale. Partendo dalla prima in alto, sul lato sinistro, ripiegate le fette, alternandole. A quel punto, inserite ulteriori fette in senso verticale. Completata l'intera superficie, richiudete questa "trama" con le fette che avevate precedentemente disposto in orizzontale. Ripartite, eseguendo lo stesso procedimento, partendo dalla seconda fetta adagiata in orizzontale. Completate così la vostra trama lasciando dei lembi più lunghi, non intrecciati, a destra. Ora che la copertura è pronta, potrete stendere, aiutandovi con un cucchiaio, il composto di carne macinata. Fate attenzione a lasciare spazio ai quattro lati della "rete" di pancetta.

3. Andiamo ora a disporre il ripieno sulla base di carne, adagiandovi, in successione ed esattamente al centro, le fette di formaggio, il prosciutto crudo, il salame e le uova. Queste ultime vanno disposte in fila, in orizzontale.

4. A questo punto, dovete arrotolare il tutto, aiutandovi da entrambi i lati con la carta stagnola. Con molta delicatezza, ripiegate il polpettone prima da un lato e poi dall'altro. Una volta che avrete dato al tutto la bella forma di un rollo, sigillate i lati con la carta stagnola.

5. Cuocete il polpettone in forno a 200 °C per 60 minuti. Verso la metà della cottura, potrete rimuovere la stagnola, in modo che la copertura di pancetta diventi croccante.

https://www.degustibus.co/polpettoneuova/

Pollo in salsa di aceto balsamico e miele

Cosa vi serve

6 patate di dimensioni medie
50 ml di olio d'oliva
Sale e pepe
Rametti di rosmarino

Per la marinatura:
  80 ml di aceto balsamico
  50 ml di olio d'oliva
  5 Cc di miele
  Sale q.b.
  2 spicchi d'aglio tritati
  1/2 cc di peperoncino in polvere
  1 Cc di timo sminuzzato
Inoltre:
  2 petti di pollo
  200 g di fagiolini verdi
  10 pomodori ciliegino tagliati a metà

Preparazione: ca. 60 min   2 porzioni
Al forno: 160 °C - 20 min + 180 °C - 30 min

Come procedere

1. Lavate e tagliate in quattro le patate. Pelatele e adagiatele in una teglia da forno. Conditele con olio e regolate di sale e pepe. Aggiungete il rosmarino e cuocete in forno a 160 °C per 20 minuti.

2. Per la marinatura, mescolate tutti gli ingredienti in un'ampia scodella, immergeteci i petti di pollo e lasciateli marinare per circa un'ora.

3. Aggiungete i fagiolini e i pomodori tagliati a metà alle patate e, sul letto di verdure, adagiate la carne. Versate quanto rimasto della marinatura e cuocete il tutto a 180 °C per circa 30 minuti.

https://www.degustibus.co/pollo-miele-balsamico/

Soffice pan di zucca

Patate fiorite con ripieno di pollo

Stuzzichini & snack

Nodini alla cannella

Uova in camicia di spinaci e prosciutto

2 trucchi per uova sorprendenti

Cosa vi serve

Uova in camicia
120 ml d'acqua
1 Cc di aceto
1 uovo
Tazza

Uova fritte dark
3 uova
150 g di olive nere

Preparazione: ca. 5 min   Cottura: ca. 5 min   1-2 porzioni

Come procedere

Uova in camicia

Versate l'acqua in una tazza con un po' di aceto. Poi aprite un uovo nella tazza e mettetela per 1 minuto nel microonde. Per un risultato ancora migliore coprite la tazza con un piattino. Scolate l'acqua e il vostro uovo in camicia è pronto.

Uova fritte dark

Aprite 3 uova, dividete i tuorli dagli albumi e mettete gli albumi con le olive nere nel mixer. Frullate fino a creare una miscela omogenea. Versate la miscela in una padella con dell'olio e fatela cuocere. Infine, aggiungete i 3 tuorli e lasciate cuocere sino ad ottenere la consistenza che desiderate.

https://www.degustibus.co/trucchi-e-ricette-con-uova/

Antipasti sfiziosi a base di uova

Cosa vi serve

Per la salsa con senape piccante:
- 1 Cc e 1/2 di yogurt
- 1 cc di senape
- 1 cc di salsa piccante
- Sale

Per la salsa con barbabietola rossa:
- 2 Cc di maionese
- 1/4 di Cc di pepe di Cayenna
- 1 Pz di barbabietola liofilizzata
- Sale

- 6 uova
- Carta stagnola (2 pezzi lunghi 30 cm)
- Stampo per muffin
- Noci
- Paprika in polvere
- Prezzemolo

Preparazione: ca. 15 min   Al forno: 150 °C - 13 min   4-6 porzioni

Come procedere

1. Ungete uno stampo per muffin. Quindi separate le uova in modo da riempire sei cavità con il tuorlo d'uovo e sei con l'albume.
2. Ora arrotolate e accartocciate i due pezzi di carta stagnola e metteteli in diagonale in una teglia da forno leggermente più grande dello stampo per muffin. Poi appoggiate lo stampo per muffin sopra la carta stagnola, in modo che il fondo sia leggermente staccato dalla teglia sottostante.
3. Versate l'acqua nella teglia e copritela con un foglio di carta stagnola. Cuocete le uova al forno per 13 minuti a 150 °C, poi fatele raffreddare.
4. Per il primo condimento mescolate tre tuorli d'uovo con lo yogurt, la senape, la salsa piccante e il sale.
5. Riempite un sac à poche con questa salsa e decorateci tre degli albumi delle uova al forno.
6. Per il secondo condimento, mescolate tre tuorli d'uovo con la maionese, il pepe di Cayenna, la barbabietola rossa liofilizzata e il sale.
7. Riempite un altro sac à poche con questa salsa e decorateci altri tre degli albumi delle uova al forno.
8. Servite le uova ripiene dopo aver decorato la barbabietola rossa con le noci tritate e la senape piccante con paprika e prezzemolo.

https://www.degustibus.co/uova-ripiene-al-forno/

Uova a colazione in tre varianti

Cosa vi serve

Intreccio di uova
2 uova
Sale
Zucchine e porro

Mini crepes di uova ripiene
2 uova
Sale e pepe
100 g di riso bollito
3 Cc di peperoni a dadini
2 Cc di erba cipollina tritata
Crème fraîche o panna acida

Uova strapazzate
3 uova
Sale e pepe
Olio
Pomodorini, 1 peperone e 1 porro

Preparazione: ca. 5 min   In padella: ca. 5 min   1-2 porzioni

Come procedere

Intreccio di uova
Sbattete le due uova, conditele con sale e riempite un sac à poche con beccuccio a foro tondo e liscio con la miscela. Ungete bene la padella e fatela scaldare lentamente. Spremete quindi il contenuto del sac à poche nella padella formando una griglia o una rete e fate cuocere per circa 5 minuti. Arrotolate la griglia di uovo sbattuto ora dorato e guarnite il piatto con qualche fettina di zucchina e porro. Condite con un filo d'olio di oliva e pepe.

Mini crepes di uova ripiene
Fate bollire il riso e conditelo con un peperone a dadini e l'erba cipollina, sale e pepe. Ungete bene il mestolo e tenetelo sopra i fornelli, ma a debita distanza. Aggiungete circa 3 o 4 cucchiai delle uova precedentemente sbattute e condite sul mestolo caldo e con movimenti circolari lasciate che si distribuisca uniformemente. Farcite quindi queste mini crepes con il riso e chiudetele come fossero dei ravioli cinesi. Aggiungete una porzione di crème fraîche sul piatto per chi li volesse accompagnati da una salsa.

Uova strapazzate
Condite l'uovo sbattuto con sale e pepe e passatelo con un frullatore ad immersione fino ad ottenere un composto spumoso. Versate l'olio in padella e portatela a temperatura. Poi fate colare l'uovo sbattuto attraverso il setaccio nella padella. Ora mescolatelo con movimenti rapidi con due bacchette. Con una schiumarola togliete le uova strapazzate dalla padella facendo scolare bene l'olio. Condite infine le uova strapazzate con pomodorini, peperone e porro.

https://www.degustibus.co/3-ricette-con-uova/

Patate divertenti

Cosa vi serve

Sandwich di patate
- 3 patate lesse
- 60 g di pangrattato
- 30 g di Parmigiano Reggiano grattugiato
- Sale e pepe
- 2 uova
- 6 fette di Gouda
- 6 fette di salame

Crocchette di patate ripiene
- 400 g di patate lesse
- 4 cc di pangrattato
- 50 g di speck
- 100 g di formaggio grattugiato
- 1 cc di prezzemolo tritato
- Sale e pepe
- 4 albumi
- Pangrattato

Torri di patate ripiene
- 400 g di patate lesse
- 4 cc di pangrattato
- 50 g di Parmigiano Reggiano grattugiato
- 2 albumi
- 1 cc di prezzemolo tritato
- Sale, pepe e noce moscata
- 4 mozzarelline
- 50 g di speck a dadini

Preparazione: ca. 10 min   2-4 porzioni
In padella: ca. 15 min
Al forno: 180/190 °C - 15 min

Come procedere

Sandwich di patate
1. Tagliate le patate a fette lunghe. In una ciotola aggiungete il pangrattato e il parmigiano e insaporite il tutto con sale e pepe. Sbattete le uova in una ciotola. Passate le fette di patate prima nell'uovo e poi nel pangrattato.
2. Fate rosolare le fette di patate impanate, riempite una fetta con il gouda e il salame e coprite il tutto con un'altra fetta.
3. Per far sciogliere il formaggio e far diventare il salame più croccante, lasciate ancora un po' il sandwich in padella oppure fatelo cuocere per 15 minuti a 180 °C in forno ventilato.

Crocchette di patate ripiene
1. Schiacciate le patate lesse e aggiungetevi il pangrattato, lo speck, la metà del formaggio, il prezzemolo e insaporite con sape e pepe. Poi dategli una forma schiacciata, formando 4 focaccine, e ricopritele di pangrattato.
2. Servitevi del fondo di un bicchiere per creare un incavo al centro di ogni focaccina.
3. Inserite nell'incavo il resto del formaggio e un albume. Fate cuocere per 15 minuti a 180 °C in forno ventilato ed ecco a voi le crocchette di patate ripiene!

Torri di patate ripiene
1. Schiacciate le patate e aggiungetevi il pangrattato, il parmigiano, gli albumi e il prezzemolo. Insaporite il tutto con sale, pepe e noce moscata. Riempite l'impasto ottenuto in una tasca da pasticciere e su una teglia con della carta forno formate quattro focacce, appiattendo la superficie con un cucchiaio. Lasciate il resto dell'impasto nella tasca.
2. Aggiungete al centro di ogni focaccia di patate una mozzarellina, circondandola di cubetti di speck.
3. Spruzzate il resto dell'impasto sulla mozzarellina e lo speck con un movimento a spirale verso l'alto, formando così una torre.
4. Fate cuocere le torri almeno per 15 minuti a 190 °C in forno ventilato.

https://www.degustibus.co/ricette-con-patate/

Pane in cassetta farcito

Cosa vi serve

1 forma di pane bianco in cassetta
1 uovo
50 ml di latte

Prosciutto e formaggio
 12 fette di formaggio
 12 di prosciutto cotto
 Origano

Pomodoro e mozzarella
 12 fette di mozzarella
 12 fette di pomodoro
 Pesto

Camembert e salsa di mirtilli rossi
 2 pezzi di camembert
 Marmellata di mirtilli rossi

Preparazione: ca. 5 min   Al forno: 180 °C - 15 min   6-8 porzioni

Come procedere

1. Il procedimento di partenza per le tre varianti è lo stesso. Prendete 1 forma di pane in cassetta e tagliatela in 13 fette. Eseguita questa operazione, adagiatela su un foglio di carta stagnola e avvolgeteci in modo saldo la base.
2. Una volta che avrete farcito il pane, versateci il composto di latte e uovo.
3. Infine avvolgete completamente il pane farcito nella stagnola e cuocete in forno ventilato a 180 °C per 15 minuti.

Prosciutto e formaggio
1. Infilate in ogni incisione le fette di formaggio e prosciutto cotto, coprite con il composto di latte e uovo e spolverate poi con dell'origano.
2. Cuocete come spiegato al punto 3 in precedenza.

Pomodoro e mozzarella
1. Affettate pomodoro e mozzarella e inserite le fette nel pane in cassetta.
2. Versateci sopra il composto di latte e uovo sbattuto e poi il pesto.
3. Cuocete in forno (vedi procedimento di cui sopra).

Camembert e salsa di mirtilli rossi
1. Tagliate i 2 pezzi di camembert prima a metà e poi in fette, quindi distribuitele nel pane in cassetta.
2. Versate la miscela di latte e uovo, poi la marmellata di mirtilli rossi.
3. La cottura è la stessa delle varianti precedenti.

https://www.degustibus.co/pane-in-cassetta/

Soffice pan di zucca

Cosa vi serve

1 zucca (circa 260 g)
1 uovo
2 cc di zucchero
1 Cc di sale
4 g di lievito di birra
400 g di farina
30 ml di olio vegetale
Semi di sesamo

Preparazione: ca. 60 min   In padella: ca. 15 min   5-6 porzioni

Come procedere

1. Sbucciate la zucca e tagliatela a fette sottili.
2. Mettete l'acqua in una pentola e fatela bollire. Poggiate un colabrodo nella pentola e immergetevi le fette di zucca per 15 minuti, chiudendo con il coperchio.
3. Mettete la zucca in una scodella e schiacciatela con una forchetta.
4. Aggiungete un uovo, lo zucchero, il sale e il lievito di birra, impastate gli ingredienti finché il lievito non si scioglie del tutto. Poi aggiungete la farina e l'olio vegetale e impastate nuovamente.
5. Coprite l'impasto del pane fatto in casa e fatelo lievitare finché non raggiunge il doppio del volume iniziale.
6. Mettete l'impasto su una superficie coperta di farina e formate un rotolo.
7. Tagliate il rotolo in pezzi di dimensioni uguali e con ciascun pezzo formate una sfera. Coprite le sfere con la pellicola trasparente e lasciatele riposare per 30 minuti.
8. Immergete un pestello nell'acqua, poi con questo formate una piccola cavità in ogni sfera.
9. Immergete il pestello ancora umido nei semi di sesamo, poi premetelo di nuovo nelle sfere, in questo modo i semi di sesamo rimarranno nella cavità. Infine, riscaldate una padella e fate dorare le sfere su entrambi i lati. Fate attenzione ad alzare il coperchio soltanto per girare le sfere per non farle seccare.

https://www.degustibus.co/pane-alla-zucca/

Cestino di popcorn al cioccolato

Cosa vi serve

150 g di mais da pop-corn
1 Cc di olio vegetale
500 g di cioccolato bianco
30 g di cioccolato fondente

Preparazione: ca. 30 min   In microonde: 700 watt - 3 min   2 porzioni

Come procedere

1. In una scodella versate prima i chicchi di mais e poi l'olio vegetale. Riempite un sacchetto di carta con i chicchi di mais e chiudetelo bene. Mettete il sacchetto nel forno a microonde e scaldatelo per 3 minuti a 700 watt.

2. Mettete metà dei pop-corn ancora caldi in una scodella e grattugiateci sopra il cioccolato fondente. Mescolate bene i pop-corn con le scaglie di cioccolato fondente.

3. Versate l'altra metà dei pop-corn in una scodella grande e appoggiatecene sopra una più piccola in modo da distribuire i pop-corn sulla superficie della scodella maggiore.

4. Fate sciogliere il cioccolato bianco a bagnomaria e versatelo nello spazio tra le due ciotole in modo che fluisca sopra i pop-corn e li ricopra. Lasciate raffreddare il cioccolato bianco. Una volta che si è solidificato, togliete la ciotola più piccola all'interno. Se i pop-corn non si dovessero staccare facilmente, immergete brevemente la scodella in acqua calda.

5. A questo punto non resta che riempire la scodella al cioccolato bianco con i pop-corn al cioccolato fondente e gustarsi il risultato.

https://www.degustibus.co/pop-corn-cioccolato/

Pan brioche maculato

Cosa vi serve

250 ml di latte
 (+ 2 Cc di latte intero)
1 cc di estratto di vaniglia
1/2 cc di sale
25 g di amido di mais
50 g di burro
375 g di farina
70 g di zucchero
10 g di lievito di birra fresco
20 g di cacao amaro

Preparazione: 45 min   Al forno: 170 °C - 40 min   8-9 porzioni

Come procedere

1. Versate il latte, l'estratto di vaniglia, il sale e l'amido di mais in una pentola e fate cuocere a fuoco medio. Poi aggiungete il burro e fatelo sciogliere. Mescolate tutti gli ingredienti in modo che si amalgamino. Quindi lasciate raffreddare per circa mezz'ora.

2. Impastate farina, zucchero e lievito fino ad ottenere un impasto elastico.

3. Tagliate l'impasto del pane fatto in casa a metà e mettetene una metà da parte per ora.

4. Dividete di nuovo la seconda metà. Aggiungete circa 5 g di cacao in polvere ad un quarto e circa 15 g di cacao in polvere all'altro quarto. Aggiungete 1 cucchiaino di latte a ciascuno dei quarti di pasta. Lasciate tutti e tre i pezzi di pasta coperti a temperatura ambiente per circa 90 minuti.

5. Formate dalle tre sfere di pasta 7 palline delle stesse dimensioni. Ora avete un totale di 21 palline di pasta. Arrotolate le palline di pasta marrone chiaro dandogli una forma allungata. Poi stendete le palline di pasta marrone scuro appiattendole nel senso della lunghezza.

6. Avvolgete la pasta marrone chiaro di forma allungata nei pezzi di pasta più scura. Il risultato non deve essere uniforme.

7. Avvolgete i rotoli di pasta marrone scura ancora una volta nella pasta chiara. Chiudete infine le estremità con la pasta chiara.

8. Mettete tutti i rotoli di pan brioche in uno stampo a cassetta imburrato. Premeteli per appiattirli in punti diversi a piacimento.

9. Coprite lo stampo a cassetta e lasciate lievitare la pasta fino a quando non avrà circa raddoppiato il suo volume. Spalmate il latte sulla pasta e mettete lo stampo con il pane al latte in forno ventilato a 170 °C per 40 minuti. Dopo che il pan brioche si è raffreddato, sfilatelo delicatamente dallo stampo.

https://www.degustibus.co/pan-brioche-leopardato/

Snacks con la pasta per la pizza

Cosa vi serve

1 kg di farina
1 cc di lievito
3 cc di olio vegetale
1 cc di zucchero
1 cc di sale
550 ml di acqua calda

Il fiore di pizza
 Pasta per pizza
 1 cc di semi di sesamo nero
 1 cc di semi di sesamo
 1 uovo

Rustici con salsiccia
 Impasto per pizza
 4 salsicce
 4 fette di formaggio
 1 uovo

Nodini alla cannella
 Pasta per pizza
 100 g di burro fuso
 100 g di zucchero
 1 cc di cannella in polvere
 2 cc di nocciole tritate
 1 uovo

Impasto per la pizza: Preparazione: 20 min   Lievitazione: 60 min   4 porzioni

Il fiore di pizza	**Rustici con salsiccia**	**Nodini alla cannella**
Preparazione: 10 min	Preparazione: 10 min	Preparazione: ca. 10 min
Al forno: 180 °C - 12 min	Al forno: 180 °C - 12 min	Al forno: 200 °C - 10 min

Come procedere

Impastate la farina, il lievito, lo zucchero, il sale, l'olio e l'acqua, coprite l'impasto e lasciate riposare per 60 minuti.

Il fiore di pizza
1. Prendete un po' di pasta per pizza, lavoratela tra le mani, poi stendetela su un tagliere e premete l'impasto con il fondo di un bicchiere.
2. Incidete 12 taglietti nell'impasto della pizza rimasto fuori dal bicchiere.
3. Rimuovete il bicchiere e unite due intagli alla volta, formando così i petali.
4. Sbattete l'uovo e spalmatelo sulla superficie del fiore.
5. Cospargete il fiore con semi di sesamo nero al centro e semi di sesamo chiaro sui petali, poi fate cuocere per 12 minuti a 180 °C in forno ventilato.

Rustici con salsiccia
1. Prendete un pezzo grande di pasta per la pizza e stendetelo su una superficie piana, dandogli una forma circolare. Dividete l'impasto in quattro parti con una rotella tagliapizza.
2. Incidete sei tagli in ogni quarto dell'impasto.
3. Togliete la pelle alle salsicce e mettetene una al centro di ogni quarto di pasta.
4. Distribuite le fette di formaggio sulla pasta con salsiccia, poi piegate gli angoli di ciascun quarto, premendo leggermente per non farli aprire e formando una specie di tasca.
5. Sbattete l'uovo e spalmatelo sulla pasta, poi fate cuocere per 12 minuti a 180 °C in forno ventilato.

Nodini alla cannella
1. Stendete l'impasto a forma rettangolare e spalmateci il burro fuso.
2. Mischiate lo zucchero e la cannella, poi spolverateli sull'impasto.
3. Aggiungete le noci tritate.
4. Piegate la pasta nel senso della lunghezza e tagliatela in tanti piccoli pezzi.
5. Arrotolate ogni pezzo di impasto e poi annodatelo.
6. Sbattete l'uovo e spalmatelo sui nodini alla cannella, poi fateli cuocere per 10 minuti a 200 °C in forno ventilato.

https://www.degustibus.co/ricette-facili-e-veloci-pasta-per-pizza/

Uova in camicia di spinaci e prosciutto

Cosa vi serve

3 fette di prosciutto cotto
3 fette di pane
3 uova
500 g di spinaci
1 spicchio d'aglio
Burro
125 ml di salsa olandese
Erba cipollina

Preparazione: 20 min   In padella: 2 min   3 porzioni

Come procedere

1. Tagliate il prosciutto cotto a strisce e sistematele in una ciotolina di vetro formando una specie di ventaglio.

2. Fate rosolare uno spicchio d'aglio tritato con gli spinaci in padella e insaporite con sale e pepe. Tostate le fette di pane. Aprite ogni uovo dentro a una piccola ciotola di vetro e fate cuocere le ciotoline con le uova a bagnomaria per circa 2 minuti.

3. Spostate un uovo in camicia in ogni ciotolina rivestita dalle strisce di prosciutto cotto.

4. Coprite l'uovo in camicia con gli spinaci in padella e ripiegateci sopra le estremità delle strisce di prosciutto cotto. Spalmate del burro sulle fette di pane tostato e poggiatele con il lato imburrato sugli spinaci.

5. Rimuovete ogni ciotolina e decorate ogni porzione con salsa olandese e erba cipollina.

https://www.degustibus.co/ricette-con-uova-idee-creative/

3 sfiziose ricette con le patate

Cosa vi serve

Patate cremose
- 11 patate piccole tonde
- 2 Cc di olio d'oliva
- 1 Cc di rosmarino
- 1 Cc di timo
- 2 spicchi d'aglio, sminuzzati
- Sale
- 1 Cc di burro
- 300 ml di brodo di pollo
- 1 Cc di prezzemolo

Patate ottagonali
- 4 patate grandi (farinose)
- Sale e pepe
- 1 rametto di timo
- 1 Cc di burro
- 200 ml di brodo vegetale

Patate "prese a pugni"
- 9 patate di dimensioni medie (farinose)
- Sale e pepe
- 3 Cc di olio d'oliva
- 1 cc di rosmarino

Patate cremose
Preparazione: ca. 5 min
In padella: ca. 25 min
8 porzioni

Patate ottagonali
Preparazione: ca. 10 min
Al forno: 200 °C - 30 min
4 porzioni

Patate "prese a pugni"
Preparazione: ca. 5 min
In pentola: ca. 30 min
Al forno: 200 °C - 15 min
6 porzioni

Come procedere

Patate cremose
1. Lavate le patate e mettetele in una padella, senza privarle della buccia, insieme a olio, rosmarino, timo, aglio, burro e sale.
2. Aggiungete quindi il brodo di pollo e lasciate cuocere fino a quando il liquido non sarà evaporato e le patate risulteranno morbide.
3. Schiacciate le patate servendovi di una padella leggermente più piccola e cuocetele su entrambi i lati, fino a quando non saranno dorate e croccanti.
4. Prima di servirle, guarnite con del prezzemolo fresco, tritato finemente.

Patate ottagonali
1. Pelate e intagliate le patate in modo da ottenere dei blocchi ottagonali.
2. Tagliatele a metà e passatele in padella con olio già caldo. Aggiustate di sale e pepe.
3. Cuocetele su entrambe le basi e aggiungete quindi timo e burro.
4. Versate il brodo vegetale e portate a ebollizione per qualche minuto.
5. Per finire, infornate per 30 minuti a 200° C.

Patate "prese a pugni"
1. Bollite le patate in acqua salata e cuocetele fino a quando non saranno diventate morbide.
2. Cospargete una teglia da forno con dell'olio d'oliva e metteci le patate. Schiacciatele con il pugno o con un utensile da cucina che serva allo scopo.
3. Condite le patate con olio, sale, pepe e rosmarino. Cuocete in forno preriscaldato sopra e sotto per 15 minuti a 200 °C e servitele con della panna acida.

https://www.degustibus.co/patate-tris/

Patate fiorite con ripieno di pollo

Cosa vi serve

3 patate grandi o 5 patate medie
Olio per friggere
1 petto di pollo
1 cipolla piccola
1 spicchio d'aglio
6 gambi di prezzemolo
2 cc di paprika
1 Cc di curry
2 Pz di pepe nero
200 ml di passata di pomodoro
100 g di formaggio grattugiato
5 olive nere

Preparazione: ca. 35 min   4-6 porzioni
Frittura: ca. 4 min   Al forno: 175 °C - 25 min

Come procedere

1. Pelate le patate e tagliatele a metà. Intagliate 8 spicchi in ogni metà.

2. Riscaldate l'olio per friggere e friggeteci le patate. Lasciate raffreddare le patate fritte sulla carta da cucina.

3. Tagliate il petto di pollo, la cipolla, l'aglio e il prezzemolo e frullate il tutto. Aggiungete la paprika, il curry e il pepe e frullate di nuovo.

4. Riempite le patate fritte con gli ingredienti frullati aiutandovi con una forchetta. Con la crema rimanente formate invece delle piccole polpette.

5. Versate la passata di pomodoro in una teglia e mettete le patate fritte in verticale. Nella teglia aggiungete anche le piccole polpette e ricoprite il tutto con il formaggio grattugiato. Mettete le olive nere sulle patate fritte e fate cuocere per 25 minuti a 175 °C in forno ventilato.

https://www.degustibus.co/patate-fritte-fiorite/

Snack di focaccia al cavolfiore

Cosa vi serve

1 cavolfiore
2 uova
1/2 cc di origano
2 spicchi di aglio tritato
Sale e pepe
400 g di mozzarella per pizza
100 g di parmigiano grattugiato
Pepe
Prezzemolo fresco tritato

Preparazione: 20 min   Al forno: 25 + 10 min

Come procedere

1. Anzitutto grattugiate l'intero cavolfiore dentro una ciotola.

2. Unite quindi tutti gli altri ingredienti ma usando solo 100 grammi di mozzarella e regolate di sale e di pepe. Impastate quindi gli ingredienti in modo da formare una massa.

3. Stendetela quindi su una teglia foderata di carta da forno e premete bene con le dita per appiattirla. Quindi fatela cuocere in forno ventilato a 170 °C per 25 minuti.

4. Trascorso questo tempo, tirate fuori la teglia, aggiungete gli altri 300 g di mozzarella per pizza e ancora un po' di pepe. Infornate di nuovo per altri 10 minuti.

5. Prima di servire potete guarnire con del prezzemolo fresco.

https://www.degustibus.co/cinquesnackcapodanno/

Crocchette di riso dal cuore filante

Cosa vi serve

1 CC di burro
1 cipolla tritata
300 g di riso
Sale e pepe
800 ml di acqua
2 CC di prezzemolo tritato
100 g di parmigiano grattugiato
100 g di formaggio a dadini
100 g di farina
2 uova sbattute
200 g di pangrattato
Olio vegetale

Preparazione: 40 min   8 porzioni
In padella: 30 min   Al forno: 15 min

Come procedere

1. Fate sciogliere il burro in una padella e soffriggete la cipolla fino a doratura. Aggiungete il riso, fatelo tostare e condite con sale e pepe. Poi versate l'acqua e lasciate cuocere a fuoco lento, finché il riso non sarà cotto. Aggiungete, mescolando, il prezzemolo e il parmigiano fino a quando il formaggio non si sarà sciolto. Infine lasciate raffreddare il risotto.

2. Prendete una porzione di risotto e appiattitela in mano. Metteteci un dadino di formaggio al centro e richiudetela formando una polpetta di riso.

3. Passate ora ciascuna crocchetta nella farina, nell'uovo sbattuto e nel pangrattato. Premete leggermente le crocchette per appiattirle su due lati e disponetele su una teglia. Versate un filo d'olio su tutte le crocchette e infornate a 180 °C per 15 minuti. Se preferite, potete anche friggerle!

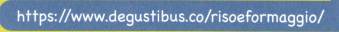

https://www.degustibus.co/risoeformaggio/

Patate duchessa con ripieno

Cosa vi serve

500 g di patate
1 uovo
50 g di burro
100 g di Parmigiano grattugiato
Sale e pepe
100 g di formaggio tipo Edamer
75 g di pancetta

Preparazione: ca. 40 min   Al forno: 190 °C - 20 min   6 porzioni

Come procedere

1. Lavate, pelate e bollite le patate. Una volta pronte, mettete le patate lesse in una ciotola e schiacciatele aiutandovi con una forchetta.

2. Aggiungete quindi l'uovo, il burro e 50 g di parmigiano grattugiato. Aggiustate di sale e pepe. Mescolate fino ad ottenere una mistura omogenea. Trasferire il composto in una sac à poche munita di beccuccio a stella.

3. Rivestite una teglia con della carta da forno e andate a creare 6 "nidi di patate" di circa 6-8 cm, ai quali aggiungerete un paio di giri lungo la circonferenza più esterna, per creare una parte cava all'interno.

4. Tagliate quindi il formaggio e la pancetta a dadini e disponeteli nei 6 nidi di patate preparati in precedenza. Spolverateli con il restante parmigiano grattugiato. Cuocete quindi a 190 °C per circa 20 minuti.

https://www.degustibus.co/patateduchessa/

Polpette di peperoni ripieni

Cosa vi serve

6 mini peperoni dolci
6 dadini di formaggio

Per l'uovo sbattuto:
 3 uova
 Sale e pepe
Per le polpette di carne:
 500 g di carne macinata
 2 uova
 2 fette di pane in cassetta senza bordi
 1 Cc di paprika
 Sale e pepe
 12 fette di pancetta tesa
Inoltre:
 6 stecchi da gelato
 Spiedino di legno

Preparazione: ca. 30 min   6 porzioni
Al forno: 140/180 °C - 20 min

Come procedere

1. Tagliate i mini peperoni e svuotateli.

2. Riempite i mini peperoni con il formaggio, immergete lo spiedino di legno nell'acqua, poi inseritevi i mini peperoni ripieni. Lo spiedino deve essere così lungo da poter essere appeso nel forno al posto di un teglia.

3. Sbattete le uova, insaporitele con sale e pepe e versatele nei mini peperoni.

4. Fate cuocere i mini peperoni ripieni per 20 minuti a 140 °C in forno ventilato.

5. Intanto preparate le polpette di carne mischiando la carne macinata, le uova e il pane in cassetta. Insaporite il tutto con paprika, sale e pepe.

6. Togliete i peperoni dal forno e fateli raffreddare. Sfilateli dallo spiedino e formate una polpetta con la carne macinata attorno a ciascun peperone.

7. Ricoprite ogni polpetta di carne con due fette di pancetta tesa.

8. Mettete le polpette di carne in uno stampo per muffin e inserite gli stecchi da gelato precedentemente immersi nell'acqua.

9. Fate cuocere in forno le polpette di carne avvolte nella pancetta tesa per 20 minuti a 180 °C, finché non diventano croccanti.

https://www.degustibus.co/polpette-di-carne-peperoni-ripieni/

Cosce di pollo con ripieno

Cosa vi serve

6 cosce di pollo
2 cc di olio d'oliva
Sale e pepe
3 spicchi d'aglio
1 rametto di rosmarino
150 ml di vino bianco
300 ml di brodo di pollo
400 g di purè di patate
200 g di mozzarella per pizza
1 Cc di paprika in polvere
Olio per friggere

Per l'impanatura:
 200 g di farina
 3 uova
 200 g di pangrattato

Preparazione: ca. 40 min   6 porzioni
In padella: 45 min   Frittura: 175 °C – ca. 3 min

Come procedere

1. Insaporite le cosce di pollo con sale e pepe e doratele nell'olio su entrambi i lati.

2. Aggiungete l'aglio, il rosmarino, il vino bianco e il brodo di pollo e fate cuocere con il coperchio per 45 minuti.

3. Togliete le cosce di pollo dalla padella e fatele raffreddare. Poi sfilate le ossa e mettetele da parte.

4. Sfilacciate le cosce di pollo e mischiatele con il purè di patate, metà della mozzarella per pizza e con la paprika in polvere. Insaporite il tutto con sale e pepe.

5. Prendete un cucchiaio abbondante dell'impasto, mettetelo in una mano e aggiungete la mozzarella per pizza. Inserite al centro una delle ossa messe da parte e impastate il tutto ricreando la forma delle cosce di pollo.

6. Sbattete le uova, ricoprite le cosce di pollo con farina, immergetele nell'uovo sbattuto, poi impanatele con il pangrattato. Friggete infine le cosce di pollo in olio a 175 °C.

Suggerimento: Lasciate raffreddare le cosce di pollo per 20 minuti in congelatore prima di impanarle e friggerle, in modo che l'impasto sia più compatto.

https://www.degustibus.co/cosce-di-pollo-mozzarella/

Sformato di zucchine ripiene

Cosa vi serve

Per le zucchine ripiene:
- 6 zucchine piccole
- 600 g di carne macinata
- 60 g di parmigiano reggiano
- 1 cc di prezzemolo tritato
- 1 fetta di pancarrè
- Sale, pepe e noce moscata
- 1 uovo

Per la salsa:
- 5 cc di burro
- 1 cipolla tritata
- 3 cc di farina
- 480 ml di latte
- Sale e pepe

Infine:
- 60 g di Parmigiano Reggiano grattugiato
- 60 g di pangrattato
- Teglia, 24 cm di diametro

Preparazione: ca. 35 min   Al forno: 180 °C - 35 min   6-8 porzioni

Come procedere

1. Tagliate ogni zucchina in 4-5 pezzi e svuotatele con l'aiuto di un bicchierino, uno stampino oppure un coltello.

2. Tagliate la polpa a dadini e aggiungeteci la carne macinata, il Parmigiano Reggiano, il prezzemolo, il pancarrè a pezzettini e un uovo. Insaporite il tutto con sale, pepe e noce moscata.

3. Farcite le zucchine vuote con il ripieno di carne macinata e mettetele in posizione verticale in una teglia con un diametro di 24 cm circa.

4. Mettete il burro in una pentola e aggiungete le cipolle a dadini, la farina e il latte. Lasciate cuocere la salsa a fuoco lento, insaporite con sale e pepe e frullate il tutto.

5. Versate la salsa sulle zucchine ripiene e ricopritele di Parmigiano Reggiano e pangrattato. Fate dorare per 35 minuti a 180 °C in forno ventilato.

https://www.degustibus.co/sformato-di-zucchine-ripiene/

Peperoni in "camicia" di pasta sfoglia

Cosa vi serve

Per il ripieno di carne macinata:
- 250 g di carne macinata
- 50 ml di olio d'oliva
- Sale e pepe
- 30 g di mais
- 50 g di riso cotto
- 1 cipolla rossa
- 100 g di formaggio cheddar
- 5 g di coriandolo

Per il ripieno di cuscus:
- 300 ml di brodo vegetale
- 300 g di cuscus
- 1 limone (scorza grattugiata e succo spremuto)
- 150 g di feta greca
- 1 pomodoro
- 5 g di prezzemolo
- 3 spicchi d'aglio
- 50 ml di olio

Inoltre:
- 2 fogli di pasta sfoglia
- 8 peperoni rossi a punta
- 2 uova

Preparazione: ca. 40 min   8 porzioni
In padella: ca. 10 min   Al forno: 180 °C - 20 min

Come procedere

Peperoni ripieni con carne macinata
1. Fate soffriggere la carne macinata, salate e pepate. Poi aggiungete il mais e il riso in bianco bollito.
2. Nel frattempo tagliate la cipolla e il formaggio cheddar a dadini, e tritate il coriandolo. Poi aggiungete questi tre ingredienti nella padella e fateli soffriggere.
3. Con una rotella tagliapizza tagliate un rotolo di pasta sfoglia in circa otto strisce nel senso della lunghezza.
4. Lavate i quattro peperoni, tagliateli longitudinalmente con un coltello e svuotali del contenuto.
5. Farcite i peperoni con il condimento di carne macinata.
6. Avvolgete una o due strisce di pasta sfoglia intorno ad ognuno dei peperoni ripieni.
7. Sbattete un uovo e spalmatelo sulla pasta sfoglia che avvolge i peperoni ripieni prima di cuocerli a 180 °C in forno ventilato per 20 minuti.

Peperoni ripieni di cuscus
1. Per i peperoni ripieni di cuscus, preparate anzitutto il cuscus nel brodo vegetale, tenendo il coperchio sulla pentola.
2. Aggiungete la scorza e il succo di limone al cuscus e sbriciolateci la feta greca.
3. Tagliate il pomodoro a dadini e tritate il prezzemolo come anche gli spicchi d'aglio. Quindi aggiungete questi tre ingredienti insieme all'olio nella padella e fateli soffriggere bene.
4. Tagliate ora il secondo rotolo di pasta sfoglia in lunghe strisce. Poi tagliate i peperoni, puliteli internamente e riempiteli con il condimento di cuscus e feta greca.
5. Avvolgete anche questi peperoni ripieni nelle strisce di pasta sfoglia, spalmateci l'uovo sbattuto e cuoceteli per 20 minuti a 180 °C in forno ventilato fino a doratura.

https://www.degustibus.co/peperoni-ripieni/

3 simpatiche ricette con le uova a colazione

Cosa vi serve

Fiorellini di uova fritte
 1 wurstel o salsiccia polacca
 1 uovo
 Foglie di menta

Maialino tostato
 1 fetta di pancarrè
 1 uovo
 1 wurstel
 Uva
 Olive nere
 1 spiedino di legno

Omelette a forma di albero
 3 uova
 Sale e pepe
 1 fetta di gouda
 2 wurstel viennesi
 1 mela

Fiorellini di uova fritte
Preparazione: 10 min
In padella: 5 min
Porzioni: 1 a testa

Maialino tostato
Preparazione: 10 min
In padella: 5 min
Porzioni: 1 a testa

Omelette a forma di albero
Preparazione: 10 min
In padella: 10 min
Porzioni: 1 a testa

Come procedere

Fiorellini di uova fritte
1. Tagliate 5 fette dal wurstel.
2. Premete un piccolo bicchierino in ogni fetta, per formare una mezza luna.
3. Posizionate le mezze lune di wurstel in modo circolare in una padella per formare i petali di un fiore.
4. Aprite un uovo e riempiteci la sagoma del fiore, quindi fate cuocere l'uovo al tegamino.
5. Decorate infine l'uovo al tegamino a forma di fiore con la menta per creare lo stelo.

Maialino tostato
1. Tostate la fetta di pancarrè e fatela raffreddare. Poi premete con un bicchiere per intagliare un cerchio al centro della fetta.
2. Mettete la fetta di pancarrè in padella, riempite la cavità al centro con un uovo e fatelo cuocere.
3. Mettete il toast con l'uovo al tegamino in un piatto grande accanto al cerchio di pancarrè intagliato, che fungerà da corpo del maialino. Poi tagliate il wurstel per realizzare le orecchie, le zampe e la coda. Infine, con le olive realizzate gli occhi e le narici, mentre con i chicchi d'uva il prato sotto il maialino!

Omelette a forma di albero
1. Sbattete le uova e insaporitele con sale e pepe, poi versatele in padella. Fate a pezzettini la fetta di gouda e aggiungete il formaggio all'uovo sbattuto. Quindi fate cuocere l'omelette.
2. Mettete l'omelette in un piatto con la parte più cotta verso l'alto e piegatela, in modo che la parte con il formaggio sia rivolta verso l'alto.
3. Tagliate a metà un wurstel nel senso della lunghezza e incidete tre tagli di circa 2-3 cm ad una delle due estremità e fatelo dorare in padella. Poi tagliate il secondo wurstel a rondelle e fate dorare anche queste su entrambi i lati.
4. Decorate l'omelette - che sarebbe la chioma dell'albero - con le rondelle di wurstel, mentre con il wurstel a metà realizzate il tronco con i rami e con uno spicchio di mela il terreno.

https://www.degustibus.co/ricette-con-uova-buona-colazione/

Torta a specchio

Semifreddo alle fragole

Dolci & golosità

Meringhe di limone e lamponi

Espressino estivo con nutella

Torta-budino alla vaniglia con frutta

Cosa vi serve

Per la base:
- 300 g di biscotti integrali con fiocchi di avena
- 140 g di burro fuso

Per il budino:
- 120 g di zucchero
- 6 tuorli
- 750 ml di latte
- 15 g di burro
- Estratto di vaniglia
- 10 g di amido di mais
- 10 fogli di gelatina
- 6 bottiglie di plastica vuote (0,5 l)

Per il topping:
- 1 manciata di lamponi
- 3–4 kiwi
- 1 mango
- Foglioline di menta
- Teglia a cerniera, ca. 23 cm di diametro

Preparazione: ca. 30 min   **In frigo:** 3 ore   **6-8 porzioni**

Come procedere

1. Sbriciolate i biscotti per la base e mischiateli con il burro fuso. Mettete la miscela ottenuta in una teglia a cerniera imburrata e premete in modo da rendere compatta la base biscottata.

2. Tagliate il fondo delle 6 bottiglie di plastica ad un altezza di 5 cm circa.

3. Immergete la gelatina in fogli nell'acqua. Nel frattempo, in una pentola mettete lo zucchero, i tuorli d'uovo, il latte, il burro, l'estratto di vaniglia e l'amido di mais a cuocere a fuoco basso, mescolando fino ad ottenere una crema alla vaniglia. Aggiungete la gelatina in fogli e mescolate fino al suo scioglimento.

4. Versate una parte della crema alla vaniglia nella tortiera ad un'altezza di circa 2 centimetri e lasciate raffreddare. Imburrate i fondi delle bottiglie di plastica e immergeteli nella crema alla vaniglia con la parte aperta rivolta verso il basso.

5. Versate il resto della crema alla vaniglia e lasciate raffreddare il budino alla vaniglia in frigorifero per almeno 3 ore.

6. Estraete con cura i fondi di bottiglia creando dei disegni di fiori.

7. Sbucciate i kiwi e il mango e tagliateli a pezzi. Mettete da parte dei lamponi e alcuni pezzi di mango e kiwi per la decorazione finale. Frullate il resto della frutta e riempiteci in modo alternato i fiori.

8. Prima di servire, decorate il budino alla vaniglia con i lamponi, i pezzi di frutta e le foglioline di menta.

https://www.degustibus.co/budino-alla-vaniglia-con-disegni-di-fiori/

Dolce-uovo di Pasqua con crema chantilly

Cosa vi serve

Per l'uovo:
600 g di cioccolato fondente
1 melone
Pellicola trasparente
Nastro adesivo
Carta da forno

Per il ripieno con crema chantilly:
250 g di formaggio fresco spalmabile
1/2 cc di estratto di vaniglia
50 g di zucchero a velo
Succo di mezzo limone
2 fogli di gelatina
150 ml di panna

Per la salsa ai lamponi:
300 g di lamponi freschi o surgelati
20 g di zucchero
Succo d'arancia
Lamponi freschi per guarnire

Preparazione: ca. 50 min   2-4 porzioni

Come procedere

1. Tritate il cioccolato fondente e fatelo sciogliere a bagnomaria senza smettere mai di mescolare, in modo da ottenere una crema senza grumi.
2. Nel frattempo, tagliate un pezzo di pellicola trasparente grande circa tre volte le dimensioni del melone. Poi posizionate il melone al centro della stessa e avvolgetecelo. Chiudete la parte superiore con del nastro adesivo in modo che la pellicola trasparente non si apra.
3. Ora immergete metà del melone avvolto nella pellicola trasparente nel cioccolato fondente fuso e lasciate scolare il cioccolato in eccesso.
4. Mettete il tutto su un pezzo di carta da forno e lasciate solidificare.
5. Nel frattempo passate alla preparazione della crema chantilly mescolando il formaggio fresco con l'estratto di vaniglia, lo zucchero a velo e il succo di limone. Quindi fate sciogliere la gelatina e mescolatela con il composto a base di formaggio fresco. Montate la panna e aggiungetela gradualmente alla crema.
6. Una volta che il cioccolato fondente si è solidificato, tagliate la pellicola trasparente e rimuovete delicatamente il melone.
7. Ora rimuovete con cautela la pellicola trasparente dal cioccolato fondente.
8. Versate il ripieno di crema chantilly nel guscio di cioccolato fondente, lisciate e lasciate riposare.
9. Per la salsa ai lamponi fate caramellare lo zucchero nella pentola. Quindi aggiungete i lamponi e il succo d'arancia e fateli cuocere mescolandoli in una salsa cremosa. Lasciate raffreddare la crema. Con un cucchiaino raschiate una porzione centrale dalla crema e versateci la salsa ai lamponi. Decorate il dolce con lamponi freschi prima di servirlo.

https://www.degustibus.co/uova-di-pasqua-ripiene/

Dolci ricette con la pasta sfoglia

Cosa vi serve

Ventagli di pasta sfoglia
1 rotolo di pasta sfoglia
100 g di zucchero
5 g di cannella

Conchiglie di pasta sfoglia ripiena
1 conchiglia grande
1 rotolo di pasta sfoglia
3 praline di cioccolato bianco
1 uovo sbattuto
Zucchero a velo

Ciambelle fritte
3 fogli di pasta sfoglia
2 stampini per dolci (dal diametro di 10 cm e 3 cm)
Olio per friggere
Cioccolato fondente e cioccolato bianco fuso
Zuccherini colorati
Nocciole tritate
Decorazioni in zucchero a piacimento

Preparazione: ca. 15 min
Al forno: 180 °C - 12 min / 200 °C - 15 min
Frittura: ca. 10 min   4 porzioni

Come procedere

Ventagli di pasta sfoglia
1. Mescolate lo zucchero con la cannella. Spolveratene la metà sul piano di lavoro, poi stendete la pasta sfoglia e ricopritela con il resto della miscela.
2. Stendete la pasta con un matterello per far aderire bene lo zucchero e la cannella all'impasto.
3. Arrotolate la pasta sfoglia da entrambi i lati verso il centro e fatela raffreddare per 30 minuti in frigorifero.
4. Tagliate la pasta sfoglia in strisce spesse circa 0,5 cm.
5. Posizionate i ventagli, a debita distanza, su una teglia rivestita di carta da forno e fateli cuocere per 12 minuti a 200 °C in forno ventilato.

Conchiglie di pasta sfoglia ripiena
1. Posizionate una conchiglia pulita sull'impasto e usatela come stampo per ritagliare una forma di conchiglia dalla pasta sfoglia.
2. Capovolgete la conchiglia e fateci aderire la pasta sfoglia. Fate raffreddare in frigorifero per 10 minuti.
3. Spalmate l'uovo sbattuto sui bordi della pasta sfoglia.
4. Posizionate una pralina di cioccolato bianco sulla pasta sfoglia e copritela con la conchiglia.
5. Premete la conchiglia contro la pasta sfoglia, usandola ancora una volta come stampo, e ritagliate la forma ottenuta con un coltello.
6. Spalmate l'uovo sbattuto sulla conchiglia ripiena. Ripetete il procedimento per creare le altre conchiglie ripiene e fatele dorare per 15 minuti a 180 °C in forno ventilato.
7. Prima di servire spolverate con lo zucchero a velo.

Ciambelle fritte
1. Inumidite un foglio di pasta sfoglia con dell'acqua, poi sovrapponete un altro foglio e inumidite anche questo con dell'acqua. Quindi copriteli con il terzo foglio.
2. Servendovi dello stampino, ritagliate le ciambelle di pasta sfoglia e friggetele per 10 minuti, fino a doratura.
3. Una volta pronte, decorate le ciambelle fritte a vostro piacimento, con cioccolato, zuccherini colorati, nocciole o altre decorazioni.

https://www.degustibus.co/ricette-pasta-sfoglia/

Torta a specchio

Cosa vi serve

Per la torta:
- 4 uova
- 250 g di zucchero
- 200 g di farina
- 1 pz di sale
- 1 Cc di estratto di vaniglia
- 1/2 cucchiaino di lievito in polvere

Per la mousse:
- 750 ml di latte
- 9 fogli di gelatina ammorbidita
- 450 g di cioccolato bianco a pezzi
- 360 g di panna montata

Per la glassa:
- 340 g di zucchero
- 300 ml di acqua
- 400 g di latte condensato
- 10 fogli di gelatina
- 740 g di cioccolato bianco a pezzi
- Colore alimentare bianco e rosa

Inoltre:
- 200 g di marmellata di fragole

Preparazione: ca. 60 min   6-8 porzioni
Al forno: 170 °C - 30-40 min

Come procedere

1. Per prima cosa preparate il pan di Spagna, montando a neve uova e zucchero con una frusta elettrica e aggiungendo poi farina, sale, vaniglia e lievito. Fate cuocere in forno statico usando una teglia piuttosto fonda a 170 °C per 30-40 minuti.
2. Una volta pronto, rimuovete il pan di Spagna dalla teglia e dividetelo in due metà uguali con un taglio orizzontale.
3. Per la mousse, riscaldate il latte a fuoco lento e poi sciogliteci dentro i fogli di gelatina ammorbiditi. Aggiungete anche la cioccolata bianca in scaglie che farete sciogliere mescolando di tanto in tanto. Trasferite il liquido in una ciotola e, quando si sarà raffreddato, aggiungete la panna montata. Quindi versate metà della mousse in una teglia circolare e livellate la superficie.
4. Spalmate sul fondo di un'altra teglia circolare la marmellata di fragole, adagiateci sopra una metà del pan di Spagna e lasciate raffreddare, preferibilmente in congelatore. Quindi rimuovete dallo stampo e adagiate questa metà di torta – con la marmellata rivolta verso il basso – al di sopra della mousse.
5. Versate la mousse rimanente sulla torta e poi appoggiateci sopra la seconda metà di pan di Spagna. Una volta che la mousse si è freddata, rimuovete la torta dallo stampo, capovolgetela e sistematela su 3 bicchieri, a loro volta poggiati e capovolti su una teglia.
6. Per la glassa, fate sobbollire lo zucchero, l'acqua e il latte condensato. Immergete in acqua calda i fogli di gelatina, ammorbiditeli e trasferiteli nella miscela con il latte condensato. Mescolate, aggiungete questo composto al cioccolato bianco in scaglie e frullate il tutto. Filtrate con un colino il liquido ottenuto e infine dividetelo in tre ciotole (o caraffe) in parti uguali. Colorate quindi (con il colorante alimentare) le tre porzioni di bianco, rosso, rosa e mescolate ulteriormente.
7. Ora riempite una grande caraffa con i tre liquidi colorati nell'ordine che desiderate. Mescolate con uno stuzzicadenti da cucina, ottenendo un liquido dall'aspetto marmorizzato. Versate infine con movimenti circolari questo liquido sul centro della torta fino a ricoprirne tutta la sua superficie.

https://www.degustibus.co/tortaspecchio/

Bicchierini di cioccolato

Cosa vi serve

Per i bicchierini di cioccolato:
- 300 g di cioccolato rosa (cioccolato ruby)
- 300 g di cioccolato al latte
- 300 g di cioccolato bianco

Per il ripieno:
- 450 g di salsa alla fragola
- 75 g di cioccolato bianco
- 300 g di panna montata

Inoltre:
- 3 bicchieri di plastica (da circa 200 ml)
- 3 bottiglie vuote
- Fragole fresche e foglioline di menta per la decorazione

Preparazione: 40-50 min   3 porzioni

Come procedere

1. Fate sciogliere il cioccolato rosa, il cioccolato al latte e quello bianco a bagnomaria. Infilate due dita in uno dei bicchieri di plastica e immergetelo nel cioccolato rosa dal fondo.

2. Rigirate velocemente il bicchiere e mettetelo sul collo di una bottiglia, in modo da far scolare il cioccolato rosa in eccesso e da far solidificare il primo strato. Ripetete l'operazione con gli altri due bicchierini.

3. Immergete i bicchierini di cioccolato rosa nel cioccolato al latte fuso, sempre dalla parte del fondo. Per far scolare e solidificare il cioccolato al latte fuso, rimettete i bicchierini di cioccolato sul collo della bottiglia.

4. Per il terzo strato di cioccolato bianco, ripetete i passaggi 2 e 3.

5. Una volta che anche l'ultimo strato di cioccolato bianco si è solidificato, utilizzate un coltello per ritagliare il cioccolato in eccesso intorno al bordo e poter facilmente rimuovere i bicchieri di plastica.

6. Scaldate la salsa alla fragola e fateci sciogliere il cioccolato bianco. Una volta che la mousse di fragole si è leggermente raffreddata, riempiteci un sac à poche.

7. Riempite i bicchierini di cioccolato con la mousse di fragole. Guarnite con una spruzzata di panna montata, una fragola fresca, qualche goccia di salsa alla fragola e una fogliolina di menta.

https://www.degustibus.co/bicchierini-cioccolato-rosa/

Barretta Kinder cioccolato gigante

Cosa vi serve

Per il ripieno:
- 1 litro di panna
- 400 g in scaglie + 30 g di cioccolato bianco fuso
- 10 fogli di gelatina
- 1 cc di estratto di vaniglia

Per la copertura al cioccolato:
- 300 g di cioccolato al latte
- 300 ml di panna

Per la superficie inferiore del dolce:
- 150 g di cioccolato al latte fuso

Preparazione: ca. 40 min   Riposo: 4 ore   6-8 porzioni

Come procedere

1. Tagliate un pezzo di cartone di forma rettangolare piuttosto grande e poi un rettangolo di forma più piccola. Modellate il pezzo più grande piegandolo in più punti nel senso della lunghezza, quindi chiudete la base utilizzando il rettangolo di cartone più piccolo. Saldate le due parti con un po' di nastro adesivo. Realizzate tre pezzi simili e avvolgete ciascuno di essi accuratamente nella pellicola trasparente.
2. Spennellate la base di ogni pezzo ottenuto con del cioccolato bianco precedentemente sciolto, quindi posizionate i tre elementi di cartone - distanziati l'uno dall'altro - all'interno di uno stampo rettangolare. In un pentolino, scaldate a fuoco basso la panna liquida. Aggiungete il cioccolato bianco e l'estratto di vaniglia.
3. Unite anche i fogli di gelatina e mescolate con cura fin quando non saranno completamente sciolti nel composto.
4. Versate quindi la crema così ottenuta al di sopra dei pezzi di cartone posizionati nello stampo, fin quando non saranno tutti ricoperti. Lasciate raffreddare per 3 ore finché il tutto non si sarà solidificato.
5. Fate sciogliere a bagnomaria 150 g di cioccolato al latte e poi distribuitelo sulla superficie raffreddata nello stampo, livellando con una spatola. Lasciate raffreddare per altri 30 minuti.
6. Occupatevi ora della copertura finale. Attrezzate una teglia con una griglia in cima e qui adagiate il contenuto dello stampo.
7. Mescolate in un pentolino a fuoco basso 300 ml di panna con 300 g di cioccolato al latte.
8. Rimuovete i tre pezzi di cartone e distribuite la cioccolata per creare la copertura uniforme della vostra barretta gigante.
9. Fate raffreddare per altri 30 minuti.

https://www.degustibus.co/kindergigante/

Torta effetto galassia

   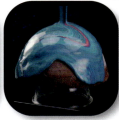

Cosa vi serve

Per il brownie:
 4 uova
 150 g di zucchero a velo
 170 g di burro fuso
 170 g di cioccolato fuso
 140 g di farina
 1 cc di lievito in polvere
 1 pz di sale
Per la mousse:
 200 g di cioccolato
  fondente in pezzi
 700 g di panna
 80 g di zucchero a velo
Per la glassa:
 300 ml di acqua
 340 g di zucchero
 400 g di latte condensato
 740 g di cioccolato
  bianco in pezzi
 8 fogli di gelatina
  ammorbiditi
 Coloranti alimentari
  rosso, blu, turchese,
  rosa e viola
Per la decorazione:
 Stelline e glitter
  commestibili

Preparazione: ca. 60 min   6-8 porzioni
Al forno: 180 °C - 40 min   In freezer: 24 ore

Come procedere

1. Partiamo dal brownie: mescolate le uova allo zucchero a velo servendovi di fruste elettriche. Unite quindi il burro sciolto e il cioccolato fuso. Continuate a mescolare per andare a formare un composto omogeneo. Unite quindi gli ingredienti secchi: farina, lievito in polvere e il pizzico di sale. Versate il tutto in una teglia da forno e cuocete per 40 minuti a 180 °C.

2. A cottura ultimata, lasciate raffreddare la torta, posateci quindi una ciotola rovesciata di circa 20 cm di diametro e usatela per ritagliare una base circolare servendovi di un coltello.

3. Per la mousse fate fondere il cioccolato in 200 g di panna calda. Continuate a mescolare fino a quando il composto non risulterà omogeneo, quindi lasciate raffreddare. Unite la panna restante allo zucchero a velo e montate con le fruste elettriche. Unite questa panna montata alla crema al cioccolato, andando ad amalgamarle bene. Chiudete la scodella con la base circolare del brownie e lasciate in congelatore per 24 ore.

4. Il giorno seguente posizionate una coppa rovesciata di dimensioni medie in una teglia da forno rettangolare e posateci sopra la cupola di torta congelata.

5. Passate quindi alla glassa: riscaldate l'acqua in una pentola, aggiungeteci lo zucchero e il latte condensato. Mescolate con una frusta a mano e portate a ebollizione. Abbassate quindi la fiamma e unite il cioccolato bianco e i fogli di gelatina ammorbidita. Mescolate poi con un mixer.

6. Dividete il composto ottenuto in 5 delle 6 ciotole di dimensioni diverse in modo da poter creare le colorazioni: iniziate con qualche goccia di rosso e blu in una ciotola e mescolate. Versate gli altri colori, ciascuno in una ciotola differente mescolando bene per ottenere dei colori omogenei. Tenete una delle ciotole senza colore. Versate il contenuto delle 6 ciotole in un contenitore più grande e usate un cucchiaio per ottenere l'effetto galassia.

7. Adesso versate il composto sulla torta ancora fredda. Per il tocco finale utilizzate anche i glitter e le stelline commestibili.

https://www.degustibus.co/torta-galassia/

Torta con roselline di mela

Cosa vi serve

Per l'impasto:
- 250 g di farina
- 60 g di noci pecan triturate
- 120 g di burro
- 1 uovo
- 100 g di zucchero

Per il ripieno:
- 500 ml di latte
- 40 g di zucchero
- 1 pacchetto di preparato per budino (preferibilmente alla vaniglia)
- 2 Cc di marmellata di fragole
- Mele
- 200 ml di succo di arancia
- 200 g di burro ammorbidito

Preparazione : ca. 45 min   Al forno: 160 °C - 25 min   6-8 porzioni

Come procedere

1. In una scodella mescolate insieme gli ingredienti per l'impasto: la farina, le noci pecan, il burro e l'uovo. Impastate rapidamente fino ad ottenere una pasta morbida e liscia. Stendete quindi l'impasto e adagiatelo in una tortiera circolare per crostate.

2. Bucherellate il fondo con una forchetta (questo impedirà all'impasto di gonfiarsi durante la cottura) e cuocete la base in forno ventilato a 160 °C per 25 minuti.

3. Scaldate in un pentolino a fuoco basso il latte, unite lo zucchero e il preparato di budino precedentemente sciolto in una ciotolina utilizzando qualche cucchiaio di latte caldo. Mescolate il tutto fino ad ottenere una crema.

4. Lasciate raffreddare la base della torta. Quindi procedete a spalmare sul fondo prima la marmellata di fragole e poi sopra la crema preparata in precedenza. Livellate con una spatola.

5. Lavate accuratamente le mele e tagliatele a fette molto sottili. Quindi inseritele in una ciotola con il succo di arancia e il burro fuso e lasciatele riposare in questo mix per circa mezz'ora.

6. Trascorso questo tempo prendete due fettine di mela e arrotolatele una dentro l'altra come per creare un fiore. Andate inserendo ciascun bocciolo nella superficie cremosa della torta fin quando tutta la circonferenza sarà ricoperta di mele.

https://www.degustibus.co/bocciolimela/

Zuccotto alle fragole

Cosa vi serve

Per la mousse:
- 750 g di fragole tagliate a metà
- 250 g di fragole
- 1 Cc di succo di limone
- 300 g di gelatina
- 150 g di zucchero a velo
- 1 cc di estratto di vaniglia
- 750 g di formaggio fresco
- 300 g di panna montata

Per la base:
- 3 uova
- 75 g di zucchero
- 25 g di farina di mandorle
- 75 g di farina
- 1 Pz di sale

Per la decorazione:
- 250 g di fragole tagliate a metà

Teglia tonda diametro di 18,5 cm

Preparazione: ca. 25 min   6-8 porzioni
Al forno: 180 °C - 15 min   In frigo: 12 ore

Come procedere

1. Foderate con della pellicola una scodella grande (di almeno 22 cm di diametro) e disponetevi le fragole tagliate a metà, il più vicine possibile.

2. Per preparare la crema utilizzate il resto delle fragole, unite il succo di limone e riducetele in crema morbida con il frullatore a immersione.

3. Scaldate dell'acqua, versateci la gelatina in polvere e fatela sciogliere a fuoco lento. Togliete dal fuoco e unite due cucchiai della crema di fragole ottenuta in precedenza. Mescolate e quindi versate nella ciotola con il resto della crema di fragole, incorporate lo zucchero a velo, l'estratto di vaniglia, il formaggio fresco e la panna montata. Amalgamate gli ingredienti con una spatola. Versate la mousse così ottenuta nella scodella dove in precedenza avete disposto le fragole tagliate a metà.

4. Passiamo ora alla preparazione della base: versate in una scodella le uova e lo zucchero a velo e mescolateli con un mixer. Unite i due tipi di farina con un pizzico di sale e girate con una spatola. Versate l'impasto in uno stampo per torte tondo (di circa 18,5 cm di diametro) e cuocete per 15 minuti a 180 °C in forno ventilato.

5. Una volta che la torta si sarà raffreddata, rimuovetela dallo stampo, posizionatela sulla mousse di fragole che avete versato in precedenza nella scodella e mettete tutto in frigo per 12 ore.

6. A questo punto non vi resta che capovolgere la cupola su un bel piatto da portata e guarnire ancora con qualche fragola.

https://www.degustibus.co/cupola-fragole/

Frittelle al limone e mirtilli

Cosa vi serve

Per le frittelle al forno:
- 4 uova
- 130 g di farina
- 240 ml di latte
- 1 cc di estratto di vaniglia
- 1/4 cc di sale
- 25 g di burro

Per la crema al limone:
- 150 ml di succo di limone
- 3 uova
- 150 g di zucchero
- 1 cc di amido di mais
- 40 g di burro

Per la decorazione:
- Fette di limone
- Mirtilli neri
- Menta piperita
- Zucchero a velo

Preparazione: ca. 20 min   Al forno: 210 °C – 15 min   2 porzioni

Come procedere

1. Preriscaldate il forno a 210 °C sopra e sotto, mettendo la padella in ghisa già in forno a scaldare. In una scodella, sbattete le uova con l'estratto di vaniglia e un pizzico di sale. Aggiungete la farina e continuate a mescolare sino ad ottenere un impasto omogeneo. Quindi aggiungete gradualmente anche il latte.

2. Togliete le padelle calde dal forno e ungete entrambe con il burro in modo uniforme. Quindi versate l'impasto delle crepes dolci in parti uguali nelle pentole e fate cuocere le frittelle in forno statico a 210 °C per circa 15 minuti fino a quando non saranno lievitate e diventate dorate.

3. Nel frattempo potete preparare la crema al limone. Mettete la scorza e il succo di limone in un pentolino.

4. Aggiungete le uova, lo zucchero, il burro, l'amido di mais e mescolate con una frusta. Mettete la pentola sul fuoco e fate riscaldare la miscela di ingredienti per almeno 5 minuti a fuoco medio, mescolando in continuazione. Fate però attenzione che la crema al limone non bolla. Dopo circa 10 minuti dovrebbe raggiungere la consistenza ideale.

5. Quindi passate la crema al limone al setaccio e copritela con la pellicola trasparente. Lasciate riposare per circa 5 minuti. Dopodiché versate la crema al limone in barattolo e mettetela in frigorifero.

6. Servite le frittelle al forno con un po' di crema al limone, qualche fetta di limone, mirtilli neri e foglioline di menta con una spolverata di zucchero a velo.

Suggerimento:

Per ottenere facilmente il succo di limone fresco fate rotolare il limone più volte sul piano di lavoro, esercitando una leggera pressione con il palmo della mano, in modo che la polpa si ammorbidisca all'interno. Poi infilate uno spiedino di legno o uno stuzzicadenti nel limone e spremetene il succo attraverso il foro.

https://www.degustibus.co/frittelle-al-forno-crema-al-limone/

Espressino estivo con nutella

Cosa vi serve

45 g di zucchero a velo
45 ml di caffè freddo
250 ml di panna liquida
Nutella
Cacao in polvere per
 guarnire
1 bottiglietta di plastica
 da 500 ml
1 imbuto

Preparazione: ca. 10 min   In frigo 20 min   1 porzione

Come procedere

1. Mescolate in una ciotolina il caffè con lo zucchero a velo in modo che non si formino grumi. Servendovi di un imbuto, versate quindi il liquido in una bottiglietta di plastica da mezzo litro.

2. Aggiungete anche la panna liquida. Mescolate bene agitando la bottiglietta e poi lasciate raffreddare per 20 minuti in frigorifero.

3. Cospargete il fondo di una ciotola in vetro da dessert con della Nutella, che andrete spalmando sui bordi. Versate infine il contenuto raffreddato in frigo e, per guarnire, decorate con una spolverata di cacao amaro la superficie.

https://www.degustibus.co/moussefredda/

Twix gigante

Cosa vi serve

100 g di panna
500 g di caramelle mou
450 g di farina
220 g di burro
200 g di zucchero
1 uovo
1 kg di cioccolato al latte, fuso

Preparazione: ca. 30 min   6-8 porzioni
Al forno: 160 °C - 20 min   In frigo: 30 min

Come procedere

1. Procuratevi un rotolo di carta da cucina vuoto e tagliatene (nel senso della lunghezza) una striscia di circa un paio di centimetri. Stendete quindi il rotolo e posizionatelo sul fondo di uno stampo per plumcake. Coprite con della carta da forno.

2. Scaldate la panna in un pentolino e nel frattempo sbriciolate le caramelle mou, che andrete quindi ad unire quando la panna starà bollendo. Mescolate con una frusta fino ad ottenere una crema omogenea. Versatene una parte nello stampo per dolci e mettete in frigo per 30 minuti, in modo che il caramello si solidifichi.

3. Passate quindi alla preparazione del biscotto, lavorando farina, burro, zucchero e uovo con uno sbattitore elettrico. Su un piano di lavoro, precedentemente infarinato, stendete l'impasto e andate a ricavare due pezzi rettangolari, di lunghezza corrispondente a quella della teglia per dolci. Bucate queste due parti con uno stuzzicadenti. Cuocete per 20 minuti a 160 °C in forno ventilato.

4. Posizionate il primo biscotto sulla base di caramello, facendo attenzione a rivolgere verso il basso la parte bucherellata. Ricoprite con la crema di caramello avanzata e quindi posizionate il secondo biscotto. Versateci sopra parte del cioccolato che avrete sciolto in precedenza. Mettete quindi in frigo per altri 30 minuti.

5. Rimuovete il Twix gigante, posizionatelo su una griglia e ricopritelo con il cioccolato fuso rimasto. Potete decorarlo, sempre con del cioccolato, servendovi di un cucchiaio.

https://www.degustibus.co/twix-gigante/

Torta morbida cioccolato e stracciatella

Cosa vi serve

250 g di biscotti secchi al cioccolato
100 g di burro fuso
400 g di ricotta
250 g di mascarpone
150 g di zucchero a velo
100 g di cioccolato in scaglie
150 g di cioccolato fuso

Preparazione: ca. 20 min   In frigo: 30 min   10 porzioni

Come procedere

1. Inserite i biscotti in una bustina richiudibile e polverizzateli servendovi di un matterello. Versateli quindi in una ciotola insieme al burro fuso e versate metà del composto così ottenuto in un secondo recipiente.

2. Inserite il contenuto di una della due ciotole in una teglia da forno tonda, appiattendo con un cucchiaio e formando anche dei bordi alti qualche centimetro. Mettete in frigo per 30 minuti.

3. Mescolate ricotta, mascarpone e zucchero a velo lavorando gli ingredienti con uno sbattitore elettrico. Incorporate anche il cioccolato in scaglie girando con una spatola.

4. Versate il cioccolato fuso al centro della tortiera, andando poi a coprire con la crema alla stracciatella. Fate attenzione a non mescolare il cioccolato fuso con la crema bianca.

5. Per finire, spolverate la torta con quanto rimasto dei biscotti sbriciolati.

https://www.degustibus.co/torta-stracciatella/

Cheesecake-alveare

Cosa vi serve

Per le mezze sfere di miele:
- 20 g di acqua calda
- 60 g di miele
- 3 g di gelatina in fogli

Per il fondo:
- 70 g di biscotti secchi sbriciolati
- 35 g di burro fuso

Per la crema:
- 1 albume
- 25 ml di acqua
- 35 g di zucchero
- 20 g di miele
- 150 g di formaggio fresco
- 6 g di gelatina in fogli
- 5 ml di succo di limone
- 300 g panna montata
- Colorante alimentare giallo

Infine:
- Teglia, 16 cm di diametro
- Stampo per mezze sfere
- Pluriball
- Miele per decorare

Preparazione: ca. 45 min   4 porzioni
In frigo: 2 ore + 30 min   In freezer: 2 ore

Come procedere

1. Fate fondere il miele nell'acqua calda e aggiungete la gelatina in fogli precedentemente ammorbidita nell'acqua. Mescolate e versate la miscela nello stampo per mezze sfere. Mettete lo stampo in frigorifero per almeno 2 ore.

2. Sbriciolate i biscotti secchi e mischiate le briciole ottenute con il burro fuso. Mettete questa miscela sul fondo della teglia e premetela con un cucchiaio. Lasciate raffreddare la teglia per 30 minuti in frigorifero.

3. Mettete una scodella su una pentola piena d'acqua e aggiungete l'albume, l'acqua, lo zucchero, il succo di limone e il miele. Riscaldate la pentola e mescolate gli ingredienti, poi togliete la ciotola dalla pentola e aggiungete la gelatina in fogli precedentemente ammorbidita nell'acqua e il formaggio fresco. Quando la crema si è raffreddata (a circa 25 °C) aggiungete la panna montata.

4. Mettete circa 75 g della crema sul fondo di biscotti secchi e stendetela. Prendete le mezze sfere di miele e appoggiatele sulla crema, poi aggiungete altra crema e fate raffreddare per 30 minuti in frigorifero.

5. Colorate la crema rimanente con il colorante alimentare giallo e spalmatela in maniera omogenea sulla parte superiore, poi ricopritela con il pluriball, premendolo leggermente per imprimere il motivo dell'alveare nella crema. Fate raffreddare la cheesecake per 2 ore in congelatore.

6. Infine, rimuovete il foglio di pluriball, aprite la teglia a cerniera e versate il miele sulla parte superiore.

https://www.degustibus.co/ricetta-cheesecake-alveare-api/

Cannoli alla fragola

Cosa vi serve

1 rotolo di pasta sfoglia quadrato
1 uovo sbattuto
200 g di mascarpone
100 g di panna
20 g di zucchero a velo
1 Cc di estratto di vaniglia
100 g di fragole fresche, a pezzetti
75 g di granella di mandorle

Preparazione: ca. 30 min   Al forno: 180 °C - 15 min   6 porzioni

Come procedere

1. Srotolate la pasta sfoglia su un piano di lavoro e poi tagliatela in 12 piccole strisce di egual misura.

2. Posizionate un quadrato di carta all'interno di una striscia di carta da forno (lunga almeno il doppio). Ripiegate all'interno la carta da forno e arrotolate. Una volta formato un rotolo di carta, fissate le estremità all'interno delle fessure laterali. Avvolgete intorno a ciascuno rotolo di carta due strisce di pasta sfoglia, andando a formare una sorta di spirale.

3. Adagiate le spirali di pasta ottenute su una teglia da forno, spennellate con un uovo e cuocete in forno ventilato per 15 minuti a 180 °C. Dopo la cottura, estraete i rotoli di carta dalle spirali, facendo attenzione a non danneggiare la calotta di pasta.

4. Ora passiamo al ripieno: mescolate il mascarpone, la panna, lo zucchero a velo e l'estratto di vaniglia fino a formare una crema omogenea. Poi aggiungete le fragole a pezzetti e continuate a mescolare.

5. Servendovi di una tasca da pasticciere, riempite l'interno dei cannoli con la crema, procedendo con calma da un'estremità all'altra del rotolo di pasta.

6. Come ultima cosa, tamponate le estremità cremose con la granella di mandorle.

https://www.degustibus.co/cannolicroccantifragola/

Creme caramel alle noci

Cosa vi serve

100 g di zucchero
250 g di formaggio fresco
4 uova
100 ml di latte
1 Cc di estratto di vaniglia
1 cc di cannella
300 g di latte condensato
50 g di noci
Scorza di limone
Extra:
 Stampo per budino
 Burro per ungere lo stampo

Preparazione: ca. 30 min   4-6 porzioni
A bagnomaria: 90 min   In pentola: ca. 10 min

Come procedere

1. Ungete lo stampo per budino con un pezzo di burro. Versateci poi lo zucchero e fate ruotare lo stampo delicatamente fino a quando il burro è completamente ricoperto di zucchero. Dopodiché versate lo zucchero in eccesso in una pentola per la fase successiva.

2. Fate scaldare la pentola a fuoco medio e lasciateci caramellare lo zucchero. Versate quindi lo zucchero caramellato nello stampo e fatelo raffreddare un po'.

3. Aggiungete e fate scaldare il formaggio fresco, il latte, le uova, l'estratto di vaniglia, la cannella, il latte condensato e le noci tritate in una pentola a fuoco medio, mescolando bene in modo che non si attacchi. Aggiungete la scorza di limone e mescolate per altri 5 minuti.

4. Versate il composto nello stampo e mettetelo in una pentola grande piena d'acqua per cuocerlo a bagnomaria per 90 minuti. A fine cottura, rigirate il budino fatto in casa su un vassoio e guarnitelo con qualche noce intera.

https://www.degustibus.co/creme-caramel-noci/

Torta Raffaello

Cosa vi serve

Per il pan di Spagna:
 7 albumi
 1 Pz di sale
 125 g di zucchero a velo
 100 g di mandorle tostate
 100 g di farina
 120 g di burro ammorbidito
Per il ripieno:
 390 g di cioccolato bianco
 240 ml di latte di cocco
 120 ml di panna
 5 fogli di gelatina ammorbiditi
 1 Cc di succo di limone
 300 g di yogurt
Inoltre:
 100 ml di panna montata
 6 cioccolatini Raffaello
 Cocco in scaglie

Preparazione: ca. 25 min   Al forno: 175 °C – 15 min   8-10 porzioni

Come procedere

1. Montate gli albumi a neve con una frusta elettrica portata a potenza massima. Aggiungeteci poi lo zucchero a velo in più riprese, mescolando continuamente sempre con le fruste. Unite poi le mandorle, la farina e il burro e mescolate con una spatola dal basso verso l'alto finché gli ingredienti avranno formato un impasto uniforme.
2. Dividete l'impasto ottenuto in due teglie da forno rettangolari. Cuocete poi a 175 °C per 15 minuti.
3. Mettete un piatto sul pan di Spagna raffreddato e ricavate tre cerchi dall'impasto. Realizzate il quarto e ultimo cerchio servendovi di un piatto leggermente più grande.
4. Ora pensiamo al ripieno: tagliate per prima cosa il cioccolato a pezzetti. Portate rapidamente ad ebollizione il latte di cocco e la panna prima di aggiungerci il cioccolato a scaglie e scioglierlo mescolando. Quindi unite i fogli di gelatina ammorbiditi e il succo di limone e girate ancora fino a quando la gelatina sarà completamente sciolta. Rimuovete il pentolino dal fuoco, trasferite il composto in una ciotola e aggiungeteci lo yogurt sempre mescolando. Mettete in frigo e lasciate raffreddare.
5. Per comporre la torta prendete il disco più grande di pan di Spagna che fungerà da base del dolce. Cospargete sul disco un primo strato di crema, poi adagiateci sopra un secondo disco di pan di Spagna e di nuovo uno strato di crema. Proseguite in questo modo fino all'ultimo strato, rifinendo e livellando la superficie della torta con la crema.
6. Aggiungete in cima la panna montata, infine cospargete tutta la torta con scaglie di cocco.
7. Da ultimo posizionate dei cioccolatini Raffaello a decorazione.

https://www.degustibus.co/torta-raffaello/

Bomba di gelato

Cosa vi serve

1 kg di gelato alla vaniglia
800 g di gelato alla fragola
500 g di gelato al pistacchio
130 g di biscotti tipo Oreo
75 g di burro ammorbidito
100 g di cioccolato fuso

Preparazione: ca. 20 min   In freezer: una notte   8-10 porzioni

Come procedere

1. Riempite una scodella di grandi dimensioni con il gelato alla vaniglia (meglio se ammorbidito) e mettetela momentaneamente da parte. Prendete ora una scodella di vetro più piccola, foderatela con la pellicola trasparente, capovolgetela dentro la ciotola con il gelato e utilizzate la pressione esercitata alla base per dare forma al gelato sotto, che si spalmerà sulla superficie del recipiente più grande.

2. Lasciate raffreddare in congelatore, quindi rimuovete la pellicola e la scodella più piccola e aggiungete, nell'incavo che si sarà creato, il gelato alla fragola. Quindi ripetete l'operazione precedente esercitando anche in questo caso una pressione sul secondo strato di gelato sempre servendovi di una ciotolina foderata con pellicola trasparente e lasciate raffreddare in freezer.

3. Aggiungete ora l'ultima porzione di gelato al pistacchio. Livellate la superficie del tutto e ancora lasciate freddare in congelatore.

4. Sbriciolate i biscotti in una bustina e uniteli al burro liquido. Utilizzate questo composto per creare la base biscottata della vostra bomba gelato, aggiungendo il tutto alla base e livellando con un cucchiaio. Lasciate in congelatore per una notte.

5. Prima di servire, cospargete lo zuccotto con del cioccolato liquido che, a contatto con il gelato, si freddderà creando una copertura croccante ancora più gustosa.

https://www.degustibus.co/bombagelato/

Torta fredda all'anguria

Cosa vi serve

1/4 di anguria (ca. 600 ml di purea)
50 ml di acqua
50 g di zucchero
12 fogli di gelatina (ammorbiditi in acqua fredda e scolati)
2 Cc di gocce di cioccolato
350 g di cioccolato bianco
1 cc di colorante alimentare verde (in polvere, liposolubile)
250 g di panna montata (possibilmente con l'aggiunta di stabilizzante per panna!)
1 base rotonda di pasta biscotto (diametro: 18 cm, altezza: circa 1 cm)
Inoltre:
Stampo in silicone (20 cm)
Pennello

Preparazione: ca. 35 min
In frigo: ca. 2 ore   8 porzioni

Come procedere

1. Tagliate il quarto di anguria a fette e passatele con il mixer. Mettete da parte per un attimo la purea di anguria.

2. Fate bollire lo zucchero con l'acqua. Aggiungete prima la gelatina in fogli precedentemente ammorbidita in acqua fredda e poi anche la purea di anguria. Versate il composto in uno stampo e mettetelo in frigorifero per circa 10-15 minuti.

3. Fate sciogliere e temperare il cioccolato bianco. Ora utilizzate un pennello per dipingerci delle linee leggere nello stampo di silicone e fatele asciugare brevemente.

4. Colorate il restante cioccolato bianco con il colorante alimentare verde, versatelo nello stampo in silicone e fatelo ruotare in modo che il cioccolato ricopra tutto l'interno dello stampo. Lasciate solidificare brevemente il cioccolato a temperatura ambiente e poi mettete lo stampo in frigorifero.

5. Quando il cioccolato bianco che avete colorato e distribuito nello stampo si sarà solidificato, togliete lo stampo dal frigorifero. Montate la panna a neve (meglio se con lo stabilizzante) e spalmatela uniformemente nello stampo, lasciando in alto circa 1 cm di spazio per la base di pasta biscotto. Togliete la purea di anguria dal frigorifero, aggiungeteci le gocce di cioccolato e mescolatele. Versate quindi la purea sopra la panna montata nello stampo.

6. Infine, posizionate la base di pasta biscotto sopra lo stampo in silicone. Coprite lo stampo e mettetelo in frigorifero per almeno 2 ore.

https://www.degustibus.co/torta-fredda-anguria/

Torta mimosa fragole e cioccolato

Cosa vi serve

Per l'impasto:
- 200 g di burro
- 150 g di zucchero
- 4 uova
- 150 g di granella di nocciole
- 130 g di farina
- 60 g di cacao in polvere
- 2 cc di lievito in polvere
- 1 Pz di sale

Per il ripieno:
- 500 g di formaggio fresco
- 200 g di panna
- 125 g di mascarpone
- 50 g di zucchero
- 100 g di marmellata di fragole
- 500 g di fragole

Preparazione: 45 min   Al forno 170 °C - 35 min   6-8 porzioni

Come procedere

1. In una ciotola unite tutti gli ingredienti per l'impasto e mescolateli con la frusta fino ad ottenere un composto piuttosto omogeneo. Trasferite quindi il tutto in una teglia da forno, livellate accuratamente la superficie e infornate. Cuocete a 170 °C per 35 minuti.

2. Nel frattempo preparate la crema per il ripieno mescolando insieme il mascarpone, il formaggio fresco, la panna e lo zucchero.

3. Appena la torta sarà pronta, scavate la superficie con un cucchiaio, andando a creare un incavo. Tenete da parte i pezzi di torta rimossi. Nel centro dell'incavo ottenuto, distribuite prima la marmellata di fragole, quindi adagiate le fragole fresche e infine ricoprite con la crema al mascarpone. Uniformate la superficie e completate con la copertura sbriciolando la torta precedentemente messa da parte, in modo da ottenere una granella fine sopra la crema bianca.

https://www.degustibus.co/mimosa/

Ferrero Rocher al cucchiaio

Cosa vi serve

2 palloncini
400 g di cioccolato fondente
200 g di nocciole tritate
100 g di Nutella
(3 cucchiai per il ripieno, il resto per guarnire la mousse al cioccolato)
300 ml di panna montata
4 Ferrero Rocher per la mousse al cioccolato
2 Ferrero Rocher per la decorazione

Preparazione: ca. 40 min   In frigo: 60 min   2 porzioni

Come procedere

1. Gonfiate due palloncini. Quindi fate sciogliere il cioccolato fondente a bagnomaria e immergeteci i palloncini a metà circa. Cospargete le nocciole tritate sul cioccolato fondente ancora morbido.

2. Versate una piccola porzione di cioccolato fondente per entrambi i palloncini su un pezzo di carta da forno. Ora premete su entrambe le porzioni di cioccolato fondente fuso la punta dei palloncini, in modo che le scodelle di cioccolato possano stare in piedi da sole dopo. Attendete fino a quando il cioccolato fondente si è solidificato.

3. Nel frattempo preparate il ripieno cremoso al cioccolato: mescolate 3 cucchiai di Nutella con la panna montata in una soffice mousse al cioccolato. Quindi tritate 4 Ferrero Rocher e aggiungeteli al ripieno cremoso al cioccolato.

4. Con un ago fate scoppiare i palloncini e rimuovete accuratamente i resti di plastica dalle scodelle al cioccolato.

5. Versate la mousse al cioccolato nelle scodelle commestibili. Mettete il dessert cremoso in frigorifero per almeno un'ora prima di decorare la mousse con Nutella e Ferrero Rocher.

https://www.degustibus.co/mousse-al-cioccolato/

Torta Kinder Maxi King

Cosa vi serve

Per la base di pan di Spagna:
- 3 uova
- 100 g di zucchero
- 110 g di farina
- 10 g di amido di mais
- 1 cc di lievito in polvere

Per la crema al mascarpone:
- 500 g di mascarpone
- 300 g di panna montata
- 1 cc di estratto di vaniglia

Per la salsa al caramello:
- 200 g di zucchero
- 100 g di burro
- 50 ml di panna
- 100 ml sciroppo alla nocciola

Inoltre:
- 3 waffle
- 150 g di granella di nocciole
- 12 barrette di Kinder cioccolato

Per la decorazione:
- 3 Kinder Maxi King
- Kinder cioccolato
- Nocciole intere q.b.

Preparazione: ca. 30 min   6-8 porzioni
Al forno: 190 °C - 20 min   In frigo: 2 ore

Come procedere

1. Per prima cosa, occupiamoci dell'impasto del pan di Spagna: in una ciotola mescolate con una frusta elettrica le uova e lo zucchero, fino ad ottenere un impasto spumoso omogeneo. Aggiungete, a questo punto, farina, amido e lievito in polvere.
2. Ora passiamo alla base della torta. Adagiate 3 waffle (tagliati se necessario) sulla base di una teglia a cerniera, poi versateci l'impasto per il pan di Spagna. Cuocete in forno a 190 °C per 20 minuti.
3. Una volta ultimata la cottura, liberate la teglia dell'anello laterale, e lasciate raffreddare la torta sul piano di lavoro, non prima di averla capovolta. Tagliate la torta, con un coltello affilato, in tre parti uguali. Mettetene da parte due, e lasciatene solo una nella teglia, dove andremo a risistemare l'anello laterale.
4. Per la crema al mascarpone unite al mascarpone la panna montata e l'estratto di vaniglia e mescolate con cura fino ad ottenere un composto omogeneo. Distribuite quindi 1/3 della crema ottenuta sulla base di pan di Spagna.
5. Occupiamoci adesso della salsa al caramello: lasciate caramellare lo zucchero in un pentolino, a temperatura media, e aggiungete il burro, mescolando in continuazione. Incorporate anche la panna e portate a ebollizione. Quando questa si sarà rappresa, aggiungete lo sciroppo alla nocciola e mettete da parte per raffreddare. Una volta che la salsa al caramello sarà pronta, distribuitela sulla torta, dopo lo strato di crema al mascarpone.
6. Una volta distribuite le due creme, mascarpone e caramello, adagiate un'altra fetta di pan di Spagna. Ripetete lo stesso procedimento, un'altra volta, utilizzando anche la terza fetta, ovvero quella a forma di waffle. Lasciate raffreddare la torta in frigo per 2 ore.
7. Adesso potrete togliere l'anello laterale della teglia a cerniera e andare a distribuire la crema al mascarpone rimanente su tutta la superficie. Aggiungete, intorno alla base, una spolverata di granella di nocciole.
8. Ora in un pentolino sciogliete 12 barrette di Kinder Cioccolato, fino ad ottenere una crema morbida. Distribuite questa crema sulla superficie della torta e lasciatela scorrere un po' sui lati. Completate la guarnizione adagiando due Kinder Maxi King, un paio di Kinder cioccolato e qualche nocciola intera. Se lo gradite, potete aggiungere anche delle margherite.

https://www.degustibus.co/tortakindermaxiking/

Cheesecake al Rocher

Cosa vi serve

Per la base:
- 300 g di biscotti d'avena
- 5 Ferrero Rocher
- 115 g di burro fuso

Per il ripieno:
- 1 kg di formaggio spalmabile
- 3 uova
- 6 albumi
- 250 g di zucchero
- 180 g di yogurt
- 1 Cc di estratto di vaniglia
- 8 Ferrero Rocher
- 8 Raffaello

Per la crema al cioccolato:
- 300 g di cioccolato al latte
- 250 g di panna

Infine:
- 15 Ferrero Rocher
- 10 Raffaello

Preparazione: ca. 40 min   8-10 porzioni
Al forno: 160 °C - 90 min   In frigo: 4-6 ore

Come procedere

1. Per realizzare la base, sbriciolate i biscotti d'avena e i Ferrero Rocher e mischiatene le briciole con il burro fuso. Versate la miscela ottenuta in una teglia quadrata (di 21 x 21 cm) ricoperta di carta da forno e schiacciatela con il fondo di un bicchiere o con un cucchiaio. Fate raffreddare la base in frigorifero per almeno un'ora affinché si possa solidificare.

2. Per realizzare il ripieno, amalgamate tra loro il formaggio spalmabile, le uova, l'albume, lo zucchero, lo yogurt e l'estratto di vaniglia. Versate il tutto sulla base già solidificata e aggiungete i Ferrero Rocher e i Raffaello. Poi fate cuocere la torta cheesecake per 90 minuti a 160 °C in forno ventilato.

3. Fate raffreddare la torta cheesecake lasciandola in frigo per almeno 4 ore, ma preferibilmente durante tutta la notte. Tagliate in pezzi piccoli il cioccolato al latte e aggiungeteli alla panna che nel frattempo avete fatto riscaldare, fino a creare una crema al cioccolato. Poi versatela sulla cheesecake.

4. Decorate la torta cheesecake con altri Ferrero Rocher e Raffaello e lasciatela altre due ore in frigorifero per far solidificare la glassa al cioccolato.

https://www.degustibus.co/ricetta-cheesecake-ferrero/

Kinder soufflé

Cosa vi serve

4 uova
100 g di zucchero
80 g di farina
100 g di ciccolato fondente
200 g di burro fuso
13 barrette di Kinder cioccolato

Preparazione: ca. 15 min   Al forno: 180 °C - 15 min   3 porzioni

Come procedere

1. In una terrina sbattete insieme le uova, lo zucchero e la farina.

2. Sciogliete in un pentolino il cioccolato assieme al burro fuso. Unitelo quindi al precedente composto con la farina e mescolate bene.

3. Trasferite ora il mix al cioccolato in apposite terrine per soufflé. Al centro di ciascuna, inserite un terzo di una barretta Kinder e aggiungete ancora un po' di cioccolata in modo che si crei un cuore dolce all'interno.

4. Cuocete in forno a 180 °C per 15 minuti.

5. Tagliate in pezzi sottili - e di diversa lunghezza - 12 barrette Kinder. Sistemateli in modo alternato sulla superficie ancora calda del soufflé in modo che si sciolgano completamente.

https://www.degustibus.co/soufflekinder/

Torta forata alle fragole

Cosa vi serve

Per l'impasto:
 250 g di farina
 150 g di zucchero
 250 g di burro
 4 uova
 1 Pz di sale
 1/4 cc di lievito in polvere
 8 biscotti secchi integrali
Per la crema:
 200 g di fragole
 100 g di formaggio fresco
 100 ml di latte condensato
 50 ml di latte
Per la superficie:
 200 g di panna montata

Preparazione: ca. 20 min   Al forno: 160 °C - 45 min   6-8 porzioni

Come procedere

1. In una scodella, unite tutti gli ingredienti per l'impasto eccetto i biscotti secchi e lavorateli insieme con le fruste per ottenere un composto morbido e liscio.

2. Foderate quindi il fondo di una pirofila quadrata con i biscotti secchi e, al di sopra, stendete l'impasto preparato in precedenza, livellando bene la superficie. Quindi cuocete il tutto in forno a 160 °C per 45 minuti.

3. Una volta sfornata, praticate sulla torta dei fori a intervalli regolari, utilizzando il manico di un mestolo in legno.

4. Per preparare la crema, riducete prima le fragole a una purea lavorandole con la frusta. Quindi unite gli altri ingredienti. Poi con un mestolo distribuite la crema sul dolce.

5. Da ultimo, distribuite sulla crema la panna montata. Livellate ancora bene la superficie e quindi decorate con qualche fetta di fragola e biscotti sbriciolati.

https://www.degustibus.co/foritorta/

Budino al cioccolato con ciliegie

Cosa vi serve

Per la gelatina di frutta alle ciliegie:
- 400 ml di succo di ciliegie
- 6 fogli di gelatina
- 200 g di ciliegie
- 1 baccello di vaniglia
- 1 stecca di cannella

Per il budino al cioccolato:
- 1250 g di panna montata
- 250 g di zucchero
- 1 baccello di vaniglia
- 4 g di sale da cucina
- 120 g di cacao in polvere
- 200 ml di acqua
- 13 fogli di gelatina

Preparazione: ca. 15 min   8 porzioni
In pentola: 10 min   In frigo: 90 min / 1 notte

Come procedere

1. Tagliate a metà e snocciolate le ciliegie. Sciacquate uno stampo per ciambellone e distribuite la metà delle ciliegie sulla base ancora umida, assicurandovi che le ciliegie non siano troppo vicine tra di loro.

2. Grattate la polpa di un baccello di vaniglia e mettetela da parte. Fate cuocere la polpa del baccello di vaniglia con il succo di ciliegia e la stecca di cannella. Lasciate raffreddare il succo di ciliegia bollito fino a raggiungere una temperatura di circa 60 °C. Nel frattempo immergete la gelatina in fogli nell'acqua fredda per circa 5 minuti. Poi sgocciolatela e fatela sciogliere nel succo di ciliegia ancora caldo. Quindi versate il tutto, senza la stecca di cannella e il baccello di vaniglia, sulle ciliegie e mettete lo stampo in frigorifero per almeno 1 ora e mezza.

3. Per preparare il budino al cioccolato, scaldate prima la panna con la polpa del baccello di vaniglia, lo zucchero e il sale in una pentola abbastanza grande. Nel frattempo immergete la gelatina in fogli nell'acqua. Mescolate con cura il cacao in polvere con l'acqua calda fino ad ottenere una crema omogenea e aggiungetela alla panna.

4. Togliete la gelatina in fogli dall'acqua, sgocciolatela e fatela sciogliere nella crema al cioccolato. Passate il budino al cioccolato con un mixer per 1/2 minuto per un risultato particolarmente cremoso.

5. Versate il budino al cioccolato ancora liquido sulla gelatina di frutta alle ciliegie e mettete lo stampo in frigorifero per una notte. Per sfilare al meglio il budino al cioccolato dallo stampo è necessario immergerlo delicatamente in acqua calda per un massimo di 5 secondi. Poi mettete un vassoio sullo stampo, rigiratelo e agitatelo energicamente un paio di volte, in modo che il budino esca dallo stampo senza problemi.

https://www.degustibus.co/budino-cioccolato-ciliegia/

Rotolo alla cannella con mousse al caffè

Cosa vi serve

Per la pasta lievitata:
- 250 g di farina
- 25 g di zucchero
- 1/2 bustina di lievito di birra (3,5 g)
- 150 ml di latte caldo
- 1/2 cc d'olio

Per la mousse al caffè:
- 1 caffè
- 200 ml di panna
- 50 g di cioccolato fondente
- 50 ml di latte caldo

Inoltre:
- ca. 300 g di zucchero di canna e cannella
- ca. 2 l di olio per friggere
- 6 calici flute

Preparazione: ca. 30 min   6 porzioni
In freezer: 4 ore   Riposo: 1 ora   Frittura: ca. 3 min

Come procedere

1. Per prima cosa preparate la pasta lievitata: versate la farina, lo zucchero e il lievito in una ciotola e mescolate con il latte caldo e l'olio fino ad ottenere un impasto cremoso. Quindi coprite la ciotola con un panno umido e lasciate lievitare l'impasto per circa un'ora in un luogo caldo. Stendete la pasta nel senso della lunghezza e tagliatela in sei lunghe strisce con una rotella tagliapizza.
2. Cospargete la pasta con zucchero di canna e cannella e strofinate leggermente la miscela in superficie con la mano in modo che si distribuisca bene.
3. Ora prendete i flute e avvolgete intorno ad ognuno una striscia di pasta. Mettete i bicchieri in congelatore per almeno quattro ore, oppure durante la notte.
4. Ora scaldate l'olio in una pentola. Rimuovete con cautela i rotoli dal flute, tenendoli fermi dall'interno, ad esempio con una pinza, e friggeteli nell'olio bollente finché non diventano croccanti e dorati.
5. Dopo la frittura, intingete ogni rotolo dolce nello zucchero di canna e nella cannella rimanenti.
6. Preparate un espresso.
7. Fate raffreddare brevemente il caffè e poi mescolatelo con la panna montata.
8. Ora tritate il cioccolato fondente, mettetelo in una ciotola e versateci sopra il latte caldo. Continuate a mescolare finché il cioccolato fondente non si sarà sciolto. Infine aggiungete la crema al caffè e mescolate il tutto.
9. Riempite un sac à poche con la mousse al caffè e farciteci ogni rotolo dolce.

https://www.degustibus.co/rotolo-dolce-zucchero-cannella/

Torta Pavlova al limone

Cosa vi serve

Per la crema al limone:
6 tuorli d'uovo
Scorza di limone
Succo di limone
1/2 cc di sale
250 g di zucchero
110 g di burro
Per la meringata:
6 albumi
170 g di zucchero
3 Cc di amido di mais
1/2 cc di sale
1 cc di estratto di vaniglia
1 cc di aceto
Per la decorazione:
Zucchero a velo
Fette di limone
Mirtilli neri
Foglioline di menta

Preparazione: 30 min   8 porzioni
Al forno: 120 °C - 140 min

Come procedere

1. Per preparare la crema al limone, mettete tutti gli ingredienti in una pentola e scaldateli mescolandoli in continuazione fino ad ottenere una consistenza cremosa. Lasciate quindi raffreddare la crema al limone.

2. Per la torta meringata, montate gli albumi a neve con il sale e aggiungete gradualmente con un setaccio lo zucchero e l'amido di mais. Quindi aggiungete anche l'estratto di vaniglia, l'aceto e impastate gli ingredienti fino ad ottenere un impasto omogeneo.

3. Mettete una teglia a cerniera senza base su una teglia rivestita di carta da forno e versateci l'impasto della meringata. Quindi rimuovete delicatamente la fascia laterale della teglia a cerniera. Cuocete la torta meringata per 140 minuti a 120 °C in forno venitilato.

4. Lasciate raffreddare la torta Pavlova in forno prima di spalmarci sopra la crema al limone e guarnirla con zucchero a velo, fette di limone, mirtilli neri e foglioline di menta.

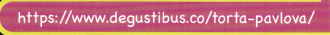

https://www.degustibus.co/torta-pavlova/

Meringhe di limone e lamponi

Cosa vi serve

8 limoni grandi
6 uova, separate
60 ml di succo di limone
100 g di zucchero
100 g di farina

Per la salsa:
 250 g di lamponi
 40 ml di succo di limone
 50 g di zucchero
Per decorare:
 Lamponi freschi
 Zucchero a velo

Preparazione: ca. 50 min   Al forno: 175 °C - 15 min   8 porzioni

Come procedere

1. Preriscaldate il forno a 175 °C (in modalità ventilata). Poi tagliate la parte superiore e inferiore di 8 limoni, tagliando un po' di più una delle due estremità in modo che la polpa dei limoni possa essere scavata con più facilità. Mentre dell'altra estremità è sufficiente tagliare un pezzetto, in modo che i limoni abbiano una base di appoggio quando messi in verticale.

2. Con un coltello e un cucchiaio, togliete la polpa da tutti i limoni e spremetene il succo in una scodella che servirà per fare sia la crema al limone che la salsa di lamponi. Disponete gli 8 limoni scavati in verticale su una teglia rivestita di carta da forno.

3. Separate 6 uova, mettendo tuorli e albumi in due scodelle separate. Aggiungete 50 g di zucchero, 60 ml di succo di limone e farina nella scodella dei tuorli d'uovo, mentre solo lo zucchero avanzato negli albumi.

4. Mettete la scodella con i tuorli d'uovo su una pentola di acqua bollente e mescolate per circa 8 minuti fino a quando il composto sarà denso. Togliete il composto dai fornelli e impastate nuovamente con le fruste di un mixer per circa 10 minuti fino a che il composto non si sarà raffreddato.

5. Montate gli albumi a neve con lo zucchero con le fruste del mixer a velocità ridotta. Poi aumentate gradualmente la velocità finché la consistenza della meringa non sarà omogenea.

6. Aggiungete circa 1/3 della meringa alla crema al limone e mescolate con cura. Poi aggiungete gradualmente il resto.

7. Riempite le 8 bucce di limone con la meringa fino a poco sotto il bordo. Poi mettetele in forno per circa 15 minuti. Le meringhe sono pronte quando diventano leggermente dorate. Per la salsa è sufficiente far bollire in pentola i lamponi con zucchero e succo di limone, per poi tritarli con l'aiuto di uno schiacciapatate.

https://www.degustibus.co/ricetta-meringhe-crema-al-limone/

Torta reale al tiramisù

Cosa vi serve

Per l'impasto:
- 2 uova
- 1 Cc di olio vegetale
- 1 cc di zucchero
- 1 cc di estratto di vaniglia
- 1 Pz di sale
- 60 g di zucchero
- 50 g di farina
- 25 g di amido di mais

Per la crema al mascarpone:
- 750 g mascarpone
- 100 g di zucchero a velo
- 500 g di panna montata

Inoltre:
- 1 grande tazza di caffellatte
- 300 g di savoiardi
- 1 cc di caffè macinato
- 1 Cc di cacao amaro

Preparazione: ca. 40 min   12 porzioni
Al forno: 180 °C – 15 min   In frigo: ca. 4 ore

Come procedere

1. Anzitutto prendete le uova e separate i tuorli dagli albumi. Poi montate i tuorli d'uovo con l'olio vegetale, un cucchiaino di zucchero e l'estratto di vaniglia.

2. Montate a neve gli albumi con un pizzico di sale e lo zucchero. Quindi passateci sopra al setaccio la farina e l'amido di mais, dopodiché aggiungeteci il composto a base di tuorlo d'uovo. Mescolate il tutto in un impasto cremoso, quindi versatelo in una teglia a cerniera (del diametro di 24 cm) rivestita di carta da forno e cuocete l'impasto per 15 minuti a 180 °C in forno ventilato.

3. Una volta che la torta si è raffreddata, toglietela dalla teglia a cerniera, giratela con un piatto o un vassoio e bloccatela di nuovo nel bordo dello stampo a cerniera, ma senza la base, in modo da servirla più facilmente in seguito.

4. Per preparare la crema al mascarpone, mescolate il mascarpone con lo zucchero a velo e la panna montata. Spalmate circa un terzo di questa crema sulla base della torta.

5. Intingete i savoiardi nel caffellatte che nel frattempo si è raffreddato e distribuiteli in modo uniforme sulla crema al mascarpone. Coprite nuovamente i savoiardi con la panna. Ripetete il procedimento fino a riempire la teglia a cerniera. Assicuratevi che l'ultimo strato sia composto da crema al mascarpone. Mettete la torta al tiramisù in frigorifero per almeno quattro ore, idealmente per tutta la notte.

6. Togliete la torta dalla teglia a cerniera e cospargetela con caffè macinato e cacao in polvere prima di servirla.

https://www.degustibus.co/torta-tiramisu/

Cubo di cioccolato con sorpresa

Cosa vi serve

250 ml di latte
Un cartone rettangolare, come ad esempio quello del latte (o altre bevande), con una capacità di 250 ml
300 g di cioccolata fondente, in scaglie
200 g di cioccolata bianca, in scaglie
4 fogli di gelatina ammorbidita
120 g di panna montata
200 g di lamponi freschi

Preparazione: ca. 30 min   2 porzioni
In pentola: ca. 15 min   In frigo: ca. 1 ora

Come procedere

1. Svuotate completamente il cartone che avete scelto e lavatelo per bene. Tagliate e rimuovete 1/3 della superficie della confezione. Cercate di praticare un taglio che sia più dritto possibile. Il risultato dovrebbe avere l'aspetto di una piccola scatola. Ora inserite due fogli di carta da forno sui due lati del contenitore, a croce, facendo in modo che i lembi escano abbondantemente fuori dal cartone.

2. Sciogliete la cioccolata a bagnomaria, mettendo a cuocere un po' d'acqua in un pentolino e sistemandoci il cioccolato sopra. Attendete che si sciolga per bene, mescolando con un pennello da cucina. Sempre aiutandovi con il pennello, andate a spalmare il cioccolato sulle pareti del cartone.

3. Riducete il cioccolato bianco in scaglie e versatelo in un pentolino con il latte: lasciate che si sciolga e continuate a mescolare. Aggiungete i fogli di gelatina e continuate a mescolare fino a che non si saranno completamente dissolti. Togliete dal fuoco, lasciate raffreddare e poi trasferite il composto in una ciotola. Aggiungete la panna montata e continuate a mescolare con cura. Mettete a raffreddare in frigo. Dopodiché, aggiungete i lamponi interi e continuate ad amalgamare.

4. Ora siete pronti per l'ultimo passaggio: versare la mousse di lamponi nel cubo di cioccolato. Versate la mousse fino all'orlo, poi ribaltate il cubo delizioso aiutandovi con un piatto. Estraete il cartone, staccate, sempre con molta delicatezza, i fogli di carta da forno. E infine guarnite con lamponi e menta, se lo gradite.

https://www.degustibus.co/cubodicioccolato/

Rotolo al mandarino

Cosa vi serve

Per l'impasto del pan di Spagna:
- 4 uova
- 110 g di zucchero a velo
- 30 ml di latte
- 30 ml di olio d'oliva
- 50 g di farina, setacciata
- 20 g di farina di riso setacciata

Per la crema allo yogurt:
- 1 cucchiaio di estratto di vaniglia
- 200 g di yogurt magro
- 200 g di panna
- 4 fogli di gelatina

Inoltre:
- 5 mandarini
- Foglie di menta
- Panna montata
- Margherite

Preparazione: ca. 30 min   4-6 porzioni
Al forno: 180 °C - 10 min   In frigo: ca. 2 ore

Come procedere

1. Mettete 4 tuorli d'uovo in una scodella e mescolateli con 60 g di zucchero a velo. Aggiungete la farina setacciata, l'olio d'oliva e il latte e mescolate tutto con una frusta.

2. Per prima cosa sbattete gli albumi e aggiungete gradualmente lo zucchero a velo restante. Poi montate gli albumi a neve e aggiungeteli gradualmente al composto di tuorlo d'uovo.

3. Stendete l'impasto del pan di Spagna su una teglia rivestita di carta da forno (25 x 28 cm) e levigate la superficie. Mettete la teglia in forno ventilato a 180 °C per 10 minuti.

4. Inumidite un canovaccio da cucina pulito e ribaltateci la base della torta al mandarino. Togliete la carta da forno e capovolgete l'impasto con l'aiuto del panno. Lasciate raffreddare completamente la base.

5. Nel frattempo preparate la crema allo yogurt. Mescolate lo yogurt magro con l'estratto di vaniglia e la gelatina precedentemente ammorbidita. Montate la panna e aggiungetela gradualmente. Poi sbucciate 5 mandarini togliendo completamente i filamenti bianchi. Stendete la crema allo yogurt sul pan di Spagna. Disponete quindi i 5 mandarini lungo l'estremità inferiore del pan di Spagna.

6. Avvolgete il tutto in un grande rotolo dolce con l'aiuto del panno. Lasciate la torta al mandarino in frigorifero per almeno 2 ore.

7. Decorate il rotolo dolce con panna montata, menta fresca, spicchi di mandarino e fiorellini a scelta.

https://www.degustibus.co/rotolo-dolce-mandarino/

Torta M&M's

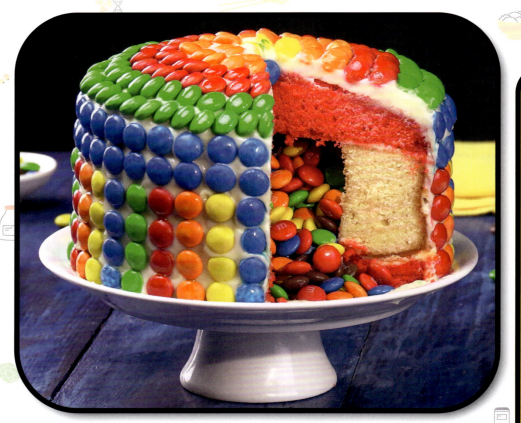

Cosa vi serve

Per la base:
- 4 uova
- 250 g di burro morbido
- 250 g di farina
- 250 g di zucchero
- 1 cc di lievito in polvere
- 1 cc di estratto di vaniglia
- 1 pz di sale
- Colorante alimentare rosso

Per il ripieno:
- 400 g ca. di M&M's

Per la glassa:
- 350 g di formaggio fresco
- 90 g di burro morbido
- 220 g di zucchero a velo

Per la decorazione:
- 400 g ca. di M&M's
- 2 teglie a cerniera, dal diametro di ca. 22 cm

Preparazione: ca. 60 min   Al forno: 160 °C – 25 min   8-10 porzioni

Come procedere

1. Mettete gli ingredienti per l'impasto in una ciotola e mescolate con delle fruste elettriche. Dividete il composto ottenuto a metà e in uno dei due aggiungete il colorante alimentare rosso. Prima di distribuirli in due differenti teglie a cerniera di circa 18-22 cm, posizionate al centro di una delle due un anello metallico. In questo modo sarete sicuri di avere uno spazio cilindrico, essenziale per i passaggi successivi. Nella teglia con anello versate l'impasto bianco, nell'altra quello rosso. Infornate quindi per 25 minuti circa a 160 °C.

2. Dopo che le basi per la torta si saranno raffreddate, tagliate quella rossa a metà, aiutandovi con un lungo coltello affilato.

3. Mescolate il burro con il formaggio fresco, aggiungete quindi lo zucchero a velo. Servendovi di una spatola, spalmate la crema ottenuta sulla parte inferiore della torta rossa, andando a formare un cerchio. Posizionate la torta bianca e riempite con le M&M's il cilindro vuoto. Spalmate la parte superiore della torta bianca con la crema e andate a chiudere con la calotta superiore rossa.

4. Procedete ora a coprire uniformemente tutta la superficie esterna della torta con la crema rimasta. Si tratta di un'operazione essenziale per la decorazione al passo successivo.

5. Adesso è giunto il momento di scatenare la vostra vena creativa: dovrete ricoprire con le M&M's i lati e la parte superiore della torta. Potete scegliere l'alternanza dei colori che preferite.

https://www.degustibus.co/torta-mms/

Lasagne dolci panna e cioccolato

Cosa vi serve

Per la base:
 Biscotti Oreo (32 unità)
 80 g di burro fuso
Per la crema al cioccolato:
 500 ml di latte
 90 g di cioccolato
 50 g di zucchero
 12 g di cacao in polvere
 35 g di amido di mais
Per la crema chiara:
 500 g di mascarpone
 200 g di formaggio
  fresco
 50 g di zucchero
 100 ml di panna
Per decorare:
 Cioccolato fondente

Preparazione: ca. 20 min 6-8 porzioni
In pentola: ca. 15 min   In frigo: ca. 30 min

Come procedere

1. Partiamo dalla base: inserite i biscotti Oreo in un sacchetto da congelatore e batteteli sul piano di lavoro fino a quando non risulteranno sbriciolati finemente. Trasferite il contenuto in una teglia, aggiungete il burro fuso e appiattitelo servendovi di un cucchiaio. Mettete quindi in frigo.

2. Passate alla preparazione della crema al cioccolato: scaldate 350 ml di latte, versate il cioccolato e nel frattempo (in una ciotola) unite lo zucchero ai restanti 150 ml di latte, al cacao in polvere e all'amido di mais. Aggiungete il composto così creato al latte al cioccolato e continuate a cuocere fino a quando non avrete ottenuto una crema densa.

3. Per la crema chiara, basterà inserire tutti gli ingredienti in una ciotola e mescolarli con un mixer.

4. Tirate fuori dal frigo la base e create un primo strato con la crema chiara, seguito da uno con la crema al cioccolato. Terminate con uno strato di crema chiara e le scaglie di cioccolato fondente.

https://www.degustibus.co/lasagne-dolci/

Torta morbida alle ciliegie

Cosa vi serve

600 g di ciliegie
Burro e farina
 (per la tortiera)
4 uova
100 g di farina
100 g di zucchero
1 cc di estratto di vaniglia
1 Pz di sale
30 g di burro fuso
250 g di formaggio
 spalmabile
Zucchero a velo
Teglia tonda, dal diametro
 di 26 cm

Preparazione: ca. 20 min   Al forno: 165 °C - 35 min   10-12 porzioni

Come procedere

1. Snocciolate le ciliegie.

2. Cospargete una tortiera rotonda di burro e zucchero, quindi distribuite le ciliegie nella tortiera.

3. Mescolate in una scodella uova, zucchero, farina, estratto di vaniglia, sale e burro. Unite, poi, il formaggio spalmabile.

4. Versate l'impasto della torta con ciliegie nella tortiera e cuocete il tutto per 35 minuti a 165 °C in forno ventilato. Decorate infine con una spolverata di zucchero a velo.

https://www.degustibus.co/torta-di-ciliegie-formaggio-spalmabile/

Semifreddo alle fragole

Cosa vi serve

150 g di fragole
125 g di cioccolato bianco
100 ml di latte
3 fogli di gelatina
250 g di panna montata

Per la glassa al cioccolato:
 250 g di cioccolato bianco
 Colorante alimentare rosso
Infine:
 Pasta sfoglia
 Biscotti al cioccolato
 150 ml di sciroppo alla fragola
 Mollette
 Stampo di silicone con 6 semisfere dal diametro di 7 cm

Preparazione: ca. 35 min   3 porzioni
In freezer: 4 ore   Al forno: 180 °C - 10 min

Come procedere

1. Tagliate le fragole a fette molto sottili e riempite con queste le semisfere dello stampo.

2. Riscaldate il latte, aggiungetevi la gelatina in fogli e il cioccolato bianco tritato e mescolate per bene. Quando il cioccolato bianco si è sciolto, fate raffreddare la crema a circa 25 °C. Aggiungete poi la panna montata.

3. Versate la crema negli stampi riempiti con le fragole e aggiungete altre fragole a fette, ricoprendole delicatamente con la crema. Mettete da parte un po' di crema. In alternativa, potete mescolare le fragole a fette prima nella crema. Fate congelare lo stampo per almeno 3 ore.

4. Togliete lo stampo con il semifreddo alle fragole dal congelatore e spalmate la crema sulla superficie di 3 semisfere.

5. Piegate lo stampo e fissatelo con 4 mollette, poi congelatelo nuovamente per circa un'ora.

6. Rimuovete le mollette e aprite lo stampo. Avrete ottenuto tre sfere.

7. Per il rivestimento del semifreddo alle fragole, fate sciogliere il cioccolato bianco e uniteci qualche goccia di colorante alimentare rosso. Versate il cioccolato bianco fuso dal colore rosa chiaro sulle sfere che si trovano ancora nello stampo. Aspettate che il cioccolato rosa si solidifichi, poi mettete lo stampo in frigorifero.

8. Con l'aiuto di un coltello, fate uscire le sfere dallo stampo.

9. Tagliate la pasta sfoglia in due pezzi da 12 x 12 cm e infornateli a 180 °C con riscaldamento superiore e inferiore.

10. Sbriciolate i biscotti al cioccolato su un piatto. Create una piccola torre, posizionando i due pezzi di pasta sfoglia l'uno sull'altro. Se vi è rimasta della crema al cioccolato bianco utilizzatela per fissare i due pezzi tra di loro. Cospargete la pasta sfoglia di zucchero a velo, posizionateci sopra una sfera di gelato alla fragola e versate lo sciroppo alla fragola.

https://www.degustibus.co/semifreddo-alle-fragole-pasta-sfoglia/

Stollen, un dolce di Natale dalla Germania

Cosa vi serve

- 500 g di farina di frumento, tipo 550
- 100 ml di latte
- 42 g di lievito
- 275 g di burro a temperatura ambiente
- 75 g di zucchero
- 1 bustina di zucchero vanigliato
- 5 g di sale
- Limone grattugiato
- 300 g di uva passa
- 80 ml di rum
- 75 g di mandorle tritate
- 50 g di buccia di limone candita
- 25 g di buccia d'arancia candita
- 50 g di burro fuso
- 2 cc di zucchero
- 200 g di zucchero a velo
- 1 Cc di amido

Preparazione: ca. 45 min   Lievitazione: 30-90 min
Al forno: 170 °C - 60 min   6 porzioni

Come procedere

1. Prima di tutto lavate l'uva passa, asciugatela e mettetela in un contenitore con il rum. Lasciatela almeno per 24 ore nel contenitore, finché il rum non viene assorbito del tutto. Di tanto in tanto agitate il contenitore.

2. Il giorno successivo preparate lo stollen. Mettete la farina di frumento in una ciotola e fate un foro al centro in cui aggiungete il latte e il lievito. Mescolate il latte e il lievito con un po' di farina in modo da ottenere un morbido pre-impasto. Copritelo con altra farina e lasciatelo lievitare per 30-90 minuti finché il volume dell'impasto non aumenta e la superficie della farina inizia a spaccarsi.

3. Nel frattempo preparate le mandorle immergendole nell'acqua bollente per circa 5 minuti, poi scolatele e asciugatele. Aggiungete alla pasta lievitata il burro, lo zucchero, lo zucchero vanigliato, il sale e la scorza di limone. Impastate la pasta lievitata, poi fatela riposare per 30 minuti.

4. Aggiungete le mandorle tritate, la buccia di arancia e limone candite, l'uva passa e impastate il tutto. Preriscaldate il forno a 180-200 °C con riscaldamento superiore e inferiore.

5. Prendete la pasta lievitata farcita e con le mani realizzate lo stollen. Se l'impasto è troppo bagnato a causa dell'uva passa al rum, aggiungete un po' di farina.

6. Posizionate lo stollen su una teglia rivestita di carta da forno, spalmateci sopra dell'acqua calda e incidete la parte centrale con un taglio. Mettete la teglia in forno per 60 minuti, poi abbassate la temperatura a 170 °C. Assicuratevi che lo stollen non diventi troppo scuro. Se invece il colore è ancora troppo chiaro vuol dire che non è ancora cotto.

https://www.degustibus.co/stollen-natalizio/

Torta con alberi di Natale

Cosa vi serve

Per l'impasto della torta soffice:
- 4 uova
- 250 g di zucchero
- 250 g di burro a temperatura ambiente
- 250 g di farina
- Lievito in polvere
- 2 teglie circolari, dal diametro di 15 cm

Per la crema al burro:
- 300 g di burro a temperatura ambiente
- 200 g di zucchero a velo
- 200 g di formaggio fresco

Per gli alberi di natale:
- 3 coni gelato
- Cioccolato fondente
- Zuccherini dorati e argentati
- Stelline di pasta di zucchero

Preparazione: ca. 45 min   Al forno: 180 °C - 40 min   8 porzioni

Come procedere

1. Montate le uova e lo zucchero, mescolate la farina con il lievito in polvere e poi aggiungeteli alla spuma di uova. Unite il burro e dividete l'impasto in due ciotole.

2. Colorate un impasto con il colorante alimentare verde e l'altro impasto con il colorante alimentare rosso.

3. Mettete gli impasti nelle due teglie e fateli cuocere in forno ventilato a 180 °C per 35-40 minuti.

4. Lasciate raffreddare ogni torta soffice colorata e assicuratevi che abbiano la stessa altezza (circa 2,75 cm). Rimuovete la parte superiore più bruciata da entrambe le torte, poi tagliatele in orizzontale, ottenendo così 4 parti delle stesse dimensioni. Poi, aiutandovi con un piatto o con una formina, tagliate le 4 parti in 3 anelli dalla circonferenza crescente.

5. Ora preparate la crema al burro, sbattendo il burro con lo zucchero a velo. Aggiungete poi anche il formaggio fresco e mescolate fino ad ottenere una crema.

6. Ora ricomponete i pezzi di torta alternando gli anelli di diversi colori, ottenendo così nuovamente 4 pezzi di torta, ma rossi e verdi.

7. Spalmate la crema al burro su ogni strato, poi ricoprite lo strato finale con la crema rimanente. Fate raffreddare per un'ora.

8. Tagliate con delle forbici la punta di ciascun cono gelato. Immergete ciascun cono nel cioccolato fondente fuso e ricopritelo con gli zuccherini. Sulla punta di ogni cono mettete una stellina di pasta da zucchero e fate raffreddare.

9. Infine, versate il cioccolato fondente fuso sui bordi della torta, facendolo colare verso il basso.

10. Posizionate i 3 coni gelato sulla torta.

https://www.degustibus.co/torta-di-natale/

La squadra di De Gustibus:

Direzione di produzione:
Marco Ogrzewalla
Patrick Piel
Oliver Taranczewski

Registrazione/Montaggio:
Quan Tran
Niklas Thelen
Ju Yong Kim
Michell Domschke
Nico Erbach
Sven Knoche
Debbie Linne

Montaggio:
Steven Peschke
Julia Falero

Cuochi:
Gregor Brühs
Cristina Renz
Oliver Stilla
Johannes Tschoep

Redazione social media:
Maria Antonietta Garioni
Alessandra Laezza

Assistenti di produzione:
Ina Bauseneik

Il team del libro:

Gestione progetto:
Paul McCormick

Grafica e impaginazione:
Kosuke Nishimoto

Testi & editing:
Alexander Schölch
Martin Breit
Benjamin Krüger
Christoph Beck
Paul McCormick

Traduzione & revisione:
Paola Mercinelli
Maria Antonietta Garioni

Fotografia:
Hanns Schmelzer

www.degustibus.co

facebook.com/degustibus.co
instagram.com/degustibus_italia/
pinterest.de/degustibusco/
youtube.com/Degustibus_cucina/

Copyright © Media Partisans 2020
Media Partisans GmbH
Berliner Str. 89
14467 Potsdam Germany
ISBN: 978-3-9821688-0-7
Printed in Germany by
Westermann Druck Zwickau GmbH